公教育計画研究　13

特集：公教育計画と教育労働の現在

公教育計画学会・編

2022

第13号の刊行にあたって

1　視点

　教育労働を問うことの意味は、将来の社会の持続可能性を問うことでもあると考えられる。「令和の日本的学校教育をめざす」とする答申と教育労働の問題は切り離すことはできない。本答申に先立ち「働き方改革について」の答申も出されているが、この答申では教職員の働き方改革は基本的に重要な事項であることが最初に確認されている。

　教育労働を教職員の「働き方」と言い換えることが適切であるかは議論を要する。なぜか。この点を少し追っていきたい。

　教育労働の質が見えにくい。まずこの点が指摘できる。資本主義社会における生産労働一般は、その商品特色で評価される。商品が市場に現れ、他の商品と競争的関係におかれ、そこで交換関係が成立することでその商品のもつ価値が現れる。交換関係が成立するためには商品体の使用価値が競合の商品より「高い時」はじめて交換関係を取り結ぶことになる。だから、この交換の状態（価格であるとか特色・性能、あるいは使い勝手など）でその商品を生産した過程を可視化することができる。つまりいい商品をつくる企業なりそこで働く人の「労働の質」が見えるのである。だが、教育労働となるとこのようにはいかない。「教育は人づくり」などと指摘されているように教職員の労働過程は「人格の形成」であり、「学力の形成」であるためはっきりと見えにくい。受験学力だと偏差値で見える化するため、教育効果は見えるが、教育基本法に記された教育目標などはほぼ不可能に近い。そのうえ、学習者が教職員と同じ人であるため、当然であるが、受ける側に極めて高い多様性がある。

　教育という行為は本来人間が社会を形成するための基本的で、必要不可欠な共同事業であるため、資本主義社会に適合しない性質を含んでいる。小学校教員に限って例を挙げれば、学習の進展がおそい子どもたちへの支援、給食指導、清掃指導、多様な保護者との連絡、子供関係のトラブルの調整、教室内の学習環境整備など。これらは授業実践に直接関係ないように見えるが、これができないと教育が成立しない。これらは学校教育制度が成立する前から、形は違うが共同体内で行われてきた。これらは契約関係というより「前近代的人間関係」で成立している。「時間外です。」として切り離すこ

とがかなり困難である。教育という事象がそもそも共同性の上に成り立つ事業の特質から現れる現象で、それを学校教育というくくりで制度化したときから存在する矛盾であると言えよう。

　以上の理由から教育労働が可視化が難しく、教育労働論がなかなか成立し難い現状があるとえいる。だから「働き方」という表現が「前近代的就労関係を内包する可能性のある」教育労働の現実を資本主義国家の前提としてとらえると多くの人に共感を与えやすい。

2 「令和の日本型教育」と「働き方改革」

　教員の希望者が激減している。そもそも教員を希望する若者が減少したのは、教育という職業が「ブラック」であるからである。これは小学校の教員の週持ち時間数を、中国と比較してみればわかる。中国（ここでは広州市）週12〜15時間（持ち時間が増えると「手当て」がつく）であるが、日本では週28時間が平均持ち時間数である。昼休みもなく、給特法の縛りでいくら残業をしても「手当て」がつかない。多様化した保護者への対応も勤務時間を超えて行われても「サービス残業」となる。実際に中央教育審議会答申「新しい時代の教育に向けた持続可能な学校指導・運営体制の構築のための学校における働き方改革に関する総合的な方策について」に添付された資料を看てみよう。「我が国の教師の勤務実態について」平成28年度実施の調査を以下のように紹介している。

　　「教諭（主幹教諭・指導教諭を含む。以下同じ。）の出勤時刻の平均はおおむね7時30分頃であり，退勤時刻の平均は，小学校で19時頃，中学校で19時20分頃と，おおむね19時から19時30分の間である。1日当たりの学内勤務時間は小学校11時間15分，中学校11時間32分となっている。校長等を含む教員の通勤時間に関しては約7割が30分以内である。」

　この指摘から小学校教員の実際の生活を想定する。朝起きてから洗顔し（5分）、朝食を取り（準備かたずけ時間15分）、歯を磨き（5分）、10分で身だしなみを整えて家を出るまでの時間を35分とする。通勤が30分であるから7時半に職場に着くためには遅くとも6時25分に起きなければならない。帰宅時間はおおむね19時30分から20時であるから、自分の家には10時間30分いるこ

とになる。この時間内に明日のための労働力のメンテナンスを行う。つまり、シャワーを浴び、夕食を取り、睡眠をとることになる。このリズムが調査から読み取れる教員の生活である。職場に拘束される勤務時間（労働時間）は小学校で11時間15分である。

　ここで給特法と関わらせてみてみると給特法は４％給与に上乗せがあるので基本給が高いと上乗せ分も上がる。１日８時間でそれを超えると超過勤務手当（残業手当）がつくことになるが、給特法ではつかない。超過勤務の有無に関係ない。ただし、それが「無い」ということは今の教育現場を見ると想定不可能である。手当の無い超過勤務は時間は、１日３時間15分、１週間５日　16時間15分なので１か月20日で65時間となる。

　新潟県の大卒新採用で見てみよう。新潟県平均初任給210800円で諸手当込み。これを総労働時間105時間（40時間＋65時間）で割ると時給単価が出る。約2008円となる。ただしこの計算は土・日が必ず休みであることが前提であり、休日１日８時間出勤すると、約1866円となり、休日に出勤すると本来なら増える賃金が下がる。時給単価が安くなるという仕組みである。ちなみに２日休日に出勤すると約1743円となる。給特法４％の破壊力である。

　ここまでは教育労働という特殊性は加味していない。教えるためにはその準備をしなければならない。これも簡単に看てみると小学校の場合、それは11時間15分の中に入っている。週28コマの授業あるとすると、１日５コマから６コマであり、この授業の準備時間と授業の後処理（成績処理やノートチェックなど）時間が含まれるが、子どもたちが学校にいる間、給食指導、清掃活動など様々な支援に追われ、実際子どもたちが「下校」するまで事前準備と事後処理は終わらない。それにあたたな教育政策が展開し、「道徳の教科化」やら「小学校英語」やらが増え、それを指導可能にするための予習時間が乗る。いろいろな仕事が同時やってくると対大人との関係を優先させ、自助努力で片のつくものが後ろに回る。つまり授業研究・教材研究という教職のコアともいえる「仕事」が後ろに回ることになる。毎日の授業を成立させるにはそれなりの「スキル」を必要とするが、新任では無理がある。様々な人間関係を調整する労働と「学問の初歩である教科」を教えるための知的労働という教員の「働き方」は極めてストレスフルな労働である。

　このように多忙化した学校教育の現実が、それなりに「権利意識が高くなり」、「豊かに育ってきた」若者たちが教職から離れるのは理解できる。この現実を変えないで「夢と希望」を語り、教育の担い手に「優秀な人材」を確

保しようとしても可能性が見えないのではないか。

3　二つの中央教育審議会答申について

　「令和の日本型学校教育」を目指すとの目標を掲げて打ち出された答申の中で教員の「働き方」についてはどのように書かれているのか。それを見る前に、「新しい時代の教育に向けた持続可能な学校指導・運営体 制の構築のための学校における働き方改革に関する総合 的な方策について」を簡単に見てみよう。これは平成31年１月25日に出された中央教育審議会答申であるので、「令和の日本型学校教育」の構築を目指して 〜全ての子供たちの可能性を引き出す、個別最適な学びと、協働的な学びの実現〜（答申）」令和３年１月26日中央教育審議会答申と直接結びついているといえる。

　31年「答申」には以下のように危機感が記されている。

　　「 ‘子供のためであればどんな長時間勤務も良しとする’ という働き方は、教師という職の崇高な使命感から生まれるものであるが、その中で教師が疲弊していくのであれば、それは ‘子供のため’ にはならない。教師のこれまでの働き方を見直し、教師が我が国の学校教育の蓄積と向かい合って自らの授業を磨くとともに日々の生活の質や教職人生を豊かにすることで、自らの人間性や創造性を高め、子供たちに対して効果的な教育活動を行うことができるようになることが学校における働き方改革の目的であり、そのことを常に原点としながら改革を進めていく必要がある。」

　つまり「自らの人間性や創造性を高め、子供たちに対して効果的な教育活動を行うことができるようになる」ことを原点として改革をなされることになる。ここでいう改革とは働き方だけでなく教育改革全般を見通していると考えられる。子供がいて、教師がいて教育関係は成立する。その教師が疲弊して、退職すると教育関係は成立しないから当然原点である。続けて答申には以下のように記されている。

　　「学校における働き方改革は、教師が疲労や心理的負担を過度に蓄積して心身の健康を損なうことがないようにすることを通じて、自らの教職としての専門性を高め、より分かりやすい授業を展開するなど教育活動

を充実することにより，より短い勤務でこれまで我が国の義務教育があげてきた高い成果を維持・向上することを目的とするものである。そして，この点において我が国の様々な職場における働き方改革のリーディングケースになり得るものである。」

このように「働き方」改革を記しているが，「令和の日本型学校教育」はこのことに基づいて計画され，将来の教育が展望されているのであろうか。「様々な職場における働き方改革のリーディングケースになり得るもの」としての論理的整合性がどのようになっているのか。この問題は現代の教育界の最重要課題としてみることができる。

教員採用試験の倍率は今年度も芳しくない。県によっては１倍を切る可能性もあるとの報道もある。なぜこのような状態になったのか。先に「シュミレーションした生活」をあたらしく教員になる可能性のある青年たちが望まないからである。とするとこの状況を変える変えるためには「勤務状況に応じた教員の待遇改善」以外にありないかもしれない。そのうえで「働き方」が議論にのると看るのが資本主義社会を前提にすれば当たり前の論理であろう。学校教育が提供する教育は子どもの人権と学びの権利を保障する質のものであって，それは教育労働を提供側の労働条件が整って，はじめて「質」保証の可能性が広がるものとなるという流れになる。このことは平成３年度中教審答申「令和の日本型学校教育」の構築を目指して 〜全ての子供たちの可能性を引き出す，個別最適な学びと，協働的な学びの実現〜」にも記されていることである。

本特集はこの点を考察することに力点を置いて組んだものである。特に「子どもの権利の保障と令和の日本型学校教育」の関係性を検証し，「現在問われている学校教育の在り方と令和の日本型学校教育」の整合性，そして「それを担う教職員の労働環境が令和の日本型学校教育」実現のための構想の中に基本的な課題として位置づけられているのかのという点の３点を考察していこうという意図が編集委員会の問題意識である。本特集が本学会員の議論の足掛かりとなることを望むものである。

年報編集委員会委員長

相庭　和彦

公教育計画研究13［公教育計画学会年報第13号］
特集テーマ：公教育計画と教育労働の現在

特集 1 ：令和の日本型学校教育と教育労働

特集1　令和の日本型学校教育と教育労働

「令和の日本型学校教育」における子どもと教職員の関係の変容
——公教育の「DX」がもたらす「学び」の内実に注目して

住友　剛

はじめに——本稿のテーマと課題意識

　かつて岡村達雄は近代公教育について、「教育を国民の権利として制度的に保障することをとおして教育に対する国家支配を実現していくあり方かたをその基本構造としている」[1] と述べた。

　では、この岡村の述べる近代公教育の基本構造をふまえて、2021（令和3年）1月26日に中央教育審議会が出した答申「『令和の日本型学校教育』の構築を目指して〜全ての子供たちの可能性を引き出す、個別最適な学びと、協働的な学びの実現〜」[2]（以後、本稿では「令和の日本型学校」答申と略。文脈に応じ、場合によれば「答申」とさらに略記することもある）を読みこんだとき、どのような子どもと教職員の関係が見えてくるのか。特に、「令和の日本型学校」答申の下での日本の公教育において、今後、子どもたちの「学び」やこれを支える教職員の仕事がどのような形態になり、子どもと教職員の関係が質的に変化（変容）していくのか。本稿が検討したいと考えているテーマは、主にはこのことである。

　さて、「令和の日本型学校」答申は、「第Ⅰ部総論」において、一方で人工知能（AI）などの先端技術が高度化してあらゆる産業や社会生活に取り入れられた「Society5.0時代」が到来しつつある前提で、「社会の変化が加速度を増し、複雑で予測困難」となってきているという。その上に、2020年以来の新型コロナウイルス感染症の世界的流行により、「一層先行き不透明」になる社会情勢のなかで、「私たち一人一人、そして社会全体が答えのない問いにどう立ち向かうのかが問われている」ともいう。

　他方で「令和の日本型学校」答申は、同じく「第Ⅰ部総論」において「ビッグデータの活用等を含め、社会全体のデジタルトランスフォーメーション加速の必要」[3] が叫ばれる中、これからの学校教育を支える基盤的なツールとして、

ICTはもはや必要不可欠」という認識にたって、今後の公教育のあり方を検討し、「第Ⅰ部総論」及び「第Ⅱ部各論」のなかで、学校での子どもの学びや教職員の労働のあり方などに対してさまざまな提案を行っている。

いわば「令和の日本型学校」答申は、一方でなにかと「複雑で予測困難」な時代・社会の到来を強調しつつも、他方で学校にICT（情報通信技術）を積極的に導入することを通じて、今後、積極的に公教育そのもののデジタルトランスフォーメーション（以後、本稿では「公教育のDX」と称す）を促すことを目指しているかのように見える。

ただ、これではまるで、それが失敗したときの言い訳として「複雑で予測困難な時代・社会」と言い訳しながらも、他方で公教育のDXだけは国策として確実に導入することを決めた上で、それに備えた子どもと教職員双方の取組みを国家として要請しているかのようである。また、先の岡村達雄の指摘をふまえていえば、公教育のDXは、一方で日本国憲法や子どもの権利条約（児童の権利に関する条約）にもとづく「子どもの学ぶ権利の保障」として導入されつつ、他方で「Society5.0」到来を前提した経済発展に役立つ人材養成を目指した「教育の国家支配」を実現するものとも言える。

はたして「令和の日本型学校」答申にもとづく公教育のDXは、今後、日本の公教育、特に学校で学ぶ子どもやそこで働く教職員の関係をどのように変容させ、何をもたらす恐れがあるのか。本稿では以後「令和の日本型学校」答申の内容検討をふまえて、この点を主に検討していきたい。

以後、本稿1では「令和の日本型学校」答申の内容をふまえつつ、急激に変化する社会や「予測困難」な情勢を強調するなかで、公教育のDXだけが確実に導入されようとしている点について批判的な検討を行う。続く2では「令和の日本型学校」答申で強調されている「個別最適な学び」と「協働的な学び」について、それが子どもの学びや子どもたちどうしの関係にどのような変容をもたらすのかについて批判的な検討を行う。その上で本稿3では、本稿2をふまえて「個別最適な学び」と「協働的な学び」が、教職員（特に教員）の行う学校でのさまざまな教育実践や、教職員と子どもとの関係にどのような変容をもたらすのかについて批判的な検討を行う。そして「おわりに」では、本稿では論じきれなかった「令和の日本型学校」答申の諸問題について言及し、今後の課題として提示しておくこととする。

なお、本稿は今号の特集論文の1つとして、「令和の日本型学校」におけ

る「教育労働」と「子どもの暮らし」のあり方をつないで検討するものという位置づけも有している。また、あらためて今後数年にわたって、公教育計画学会（以後「本学会」と略）の年報において、くりかえし「教育労働」について検討が行われることであろう。そこで本稿では「今後、本学会での教育労働論で検討していただきたい諸課題」について、筆者の立場からいくつかの論点を整理し、課題提起をしておきたいと考えている。

1：「予測不可能」な社会情勢のなかで「公教育のDX」だけは確実に実施？

　さて、最近の教育雑誌などの特集においては、先述の公教育のDXを前提にしたかたちで、今後の授業のあり方などを検討する作業が行われている。たとえば月刊誌『社会科教育』（明治図書）の2022年6月号は、「授業DXで実現する個別最適な学び×探究授業」という特集を組んでいる。その特集のなかでは、社会科教育の研究者が次のように公教育のDXについて説明を行っている。

　　技術革新が加速し、社会の情報化が進展していく中で、新型コロナウイルス感染症の有効な対策として社会にICTが急速に浸透することとなった。ニューノーマルという言葉などと共に、デジタル技術をより進化させて、人びとの生活を豊かにするために利用しようとする考え方であるDX（デジタルトランスフォーメーション）が広まり、それを社会と同様に学校教育にも適用しようというのが、「学校DX」「教育DX」という考え方である[4]。

　実は「令和の日本型学校」答申をふまえて今後の教育施策が行いたいことの要点は、この上記の引用部分そのものである。つまり公教育のDXに対応する取組みを確実に実施することこそが、「令和の日本型学校」答申の核心部分だと言ってよい。そのことは、たとえば次のような答申の文章からもわかる。

　　○GIGAスクール構想の実現により、災害や感染症の発生等による学校の臨時休業時においても不安なく学習が継続できることを目指すとともに、これまでの実践とICTの活用を適切に組み合わせていくことで、

これからの学校教育を大きく変化させ、様々な課題を解決し、教育の質を向上させることが期待される。(答申p.15)

○誰一人取り残すことのない、持続可能で多様性と包摂性のある社会の実現に向け、学習指導要領前文において「持続可能な社会の創り手」を求める我が国を含めた世界全体で、SDGs（持続可能な開発目標）に取り組んでいる中で、ツールとしてのICTを基盤としつつ、日本型学校教育を発展させ、2020年代を通じて実現を目指す学校教育を「令和の日本型学校教育」と名づけ、まずその姿を以下のとおり描くことで、目指すべき方向性を社会と共有することにしたい。(答申p.16)

○現在、GIGAスクール構想により学校のICT環境が急速に整備されており、今後はこのICT環境を活用するとともに、少人数によるきめ細やかな指導体制の整備を進め、「個に応じた指導」を充実させることが重要である。(答申p.17)

　以上の答申の引用からもわかるとおり、「令和の日本型学校」答申は、これまでのGIGAスクール構想を前提にして、学校のICT環境の整備とこれに対応した指導方法の改善をより一層すすめて、災害や感染症等の発生時などの学校の臨時休業時でも対応可能な公教育のDXを推進するものである。
　ただしこの答申においては、たとえば、いま実施されている小中学校・高校・特別支援学校の学習指導要領や、従来実施されてきた学校での ICT教育の内実、さらには「全国学力・学習状況調査」（いわゆる全国学テ）が日本の近年の公教育にもたらした弊害等を問い直すことは前提とされていない[5]。また、ここでいう公教育のDX自体が子どもどうしの関係や、子どもと教職員の関係にさまざまな弊害をもたらす恐れがあることも想定されていない。
　たとえば本稿執筆時（2022年7月初旬）において、梅雨明けの猛暑のなか、関東地方などで電力逼迫に伴う節電が呼びかけられている。また、今後日本に東日本大震災クラスの災害が再び発生した場合「発電所などが大きく損傷し、長期間、電力が使用できない」ことも、そのために「学校のICT機器すべてが長期間、使用不能になる」ことも、十分に想定される[6]。

そう考えたとき、今後の日本の学校をICT漬けにして、子どもも教職員も「電力とICTなしには生活も学びもできない」状態にしてしまうことは、よく考えたら「令和の日本型学校」答申の目指す「持続可能な社会形成」につながる学校のあり方とはほど遠い。だが、このようなことは基本的に答申では想定していない。

　また、たとえ当面公教育のDXが推進され、なにかとICTを学校で活用するとしても、他方で従来どおり「黒板にチョーク」の授業や「白紙に手書きで配布資料づくり」といったことも教職員ができなければ、「災害発生時に対応できない」のではないか。しかしそのような想定は、「令和の日本型学校」答申にはまず見られない。それこそ「平常時はもとより、災害や感染症の発生等による学校の臨時休業等の緊急時においても、不安なく学習を継続できる安全・安心な教育環境の確保に向けて、ICTの活用環境と少人数によるきめ細やかな指導体制の整備」（答申、p.22）等を行うというが、そのICTを活用するための電力供給が災害等により停止したり、ICT自体が機器の故障等により使えない場合はどうするつもりなのだろうか。

　このように「複雑で予測困難」な社会の変化をなにかと「令和の日本型学校」答申は強調するのだが、上記のような長期間の停電や電力逼迫等、災害時の危険性の想定は、いまでも東日本大震災の経験等をふまえれば、十分可能なはずである。しかしながら「令和の日本型学校」答申は、今後導入される公教育のDXにとって都合の悪い予測は可能な限り「行わない」で済ませているかのようである。したがって、この答申の執筆者たちは、少なくとも筆者から見れば、あたかも公教育のDXさえ実現すれば、教職員の多忙化解消も含め、子どもと教職員の抱えている諸課題は何事も解決するかのような幻想のなかにいるように見える。

2：「個別最適な学び」「協働的な学び」の関係を問い直す必要性
——公教育のDXが子ども際限なく追いつめる？

　次に、「令和の日本型学校」答申が「目玉」のように打ち出す「個別最適な学び」と「協働的な学び」について、筆者なりの考察を加えたい。

　ちなみにすでに最近の教育雑誌などでは、すでにICTを活用した「個別最適な学び」「協働的な学び」についてさまざまな取り組みが紹介されている。たとえば先述の『社会科教育』誌には、高校地歴科の新設必修科目「歴史

総合」の授業展開を意識して、ひとり一台高校生が所有する情報端末とそこに収められている各種ソフトなどを活用して、「大航海時代がヨーロッパに与えた影響を経済の側面から理解する」授業実践例が紹介されている[7]。この授業実践例では、高校生たちに事前に予習動画やプリントのPDFを配布しておくとともに、実際の授業時には教員側が提示した課題に即して生徒を3〜4人のグループに分け、添付した資料の内容などを読み取らせるという「課題解決」的な学習がすすめられている。その上で、グループで取り組んだ課題を、情報端末にあるソフトを活用してとりまとめ、教員の持つ端末に送付させている。ただ、このような授業形態であれば、従来、たとえば生徒にワークシートや資料プリント（つまり紙媒体）を配布・回収していた部分がICTに置き換わっただけで、生徒どうしでグループ討論や作業などを行いながらすすめてきた高校の地歴科授業と大差ない。

　しかし、本来「個別最適な学び」や「協働的な学び」と称して「令和の日本型学校」答申が子どもと教職員に持ち込もうとしているものは、きわめて恐ろしいもののように思われる。たとえば以下のような「令和の日本型学校答申」の文言を見て、筆者はICTを活用した「個別最適な学び」と「協働的な学び」は、先々「修得主義」的な学年の修了、学校の卒業を前提とした「能力主義的な教育の徹底」が到来するのではないかと危惧する。

　　○全ての児童生徒への基礎・基本の確実な定着への要請が強い義務教育段階においては、進級や卒業の用件としては年齢主義を基本に置きつつも、教育課程を履修したと判断するための基準については、履修主義と修得主義の考え方を適切に組み合わせ、それぞれの長所を取り入れる教育課程の在り方を目指すべきである。高等学校においては、これまでも履修の成果を確認して単位の修得を認定する制度が採られ、また原級留置の運用もなされており、修得主義・課程主義の要素がより多く取り入れられていることから、このような高等学校教育の特質を踏まえて教育課程の在り方を検討していく必要がある。(答申、p.28)

　　○「個別最適な学び」及び「協働的な学び」との関係では、
　　・個々人の学習の状況や成果を重視する修得主義の考え方を生かし、「指導の個別化」により個々の児童生徒の特性や学習進度等を丁寧に見

取り、その状況に応じた指導方法の工夫や教材の提供等を行うことで、全ての児童生徒の資質・能力を確実に育成すること、

・修得主義の考え方と一定の期間の多様な成長を許容する履修主義の考え方を組み合わせ、「学習の個性化」により児童生徒の興味・関心等を生かした探究的な学習等を充実させること、

・一定の期間をかけて集団に対して教育を行う履修主義の考え方を生かし、「協働的な学び」により児童生徒の個性を生かしながら社会性を育む教育を充実することが期待される。(答申、p.28)

　つまり公教育のDXは、「修得主義」的な考え方に即した「個別最適な学び」を実現していくことを通じて、事と次第によっては義務教育段階でも「原級留置」を子どもたちに行なうことを今まで以上に推奨しているわけである。

　たとえば「令和の日本型学校」答申では、「不登校、病気療養、障害あるいは日本語指導を要するなどにより特別な支援を必要な児童生徒に対するきめ細やかな支援、さらには個々の才能を伸ばすための高度な学びの機会の提供等に、ICTの持つ特性を最大限に活用していくことが重要である」(答申、p.31) という。だがしかし、このような「修得主義」的な学校の持つ雰囲気に嫌気がさして「教室に入るのを拒み、家にいる子ども」が出たとしても、「令和の日本型学校」答申の趣旨からすれば、「家にまでICTを活用した学習が追いかけてくる」ことになり、あるレベルまで学習進度が到達しなければ「進級・卒業させない」という事態が待ち受ける恐れがある。それこそ、今後公教育のDXが持ち込む学校での学びが心底嫌いな子どもにとって、「個別最適な学び」からの「逃げ場」はあるのだろうか？　私がもしも学校嫌い、特にICTが持ち込む「個別最適な学び」が嫌で学校に行かない子どもなら、自分を追いかけて家庭にまで嫌いな学びを持ち込む情報端末を「壊す」かもしれない。

　また、「令和の日本型学校」答申でいう「協働的な学び」も、子どもたちの社会性の育成や「探究的な学習」を推進するためのものである。ただ「修得主義」的な学びが公教育のDXで徹底されるなかで、ひとりひとりの子どもが学習進度に応じて分断されていくとしたら、そのような教室空間において、はたして「協働的な学び」が成立するような子どもどうし及び

子どもと教職員間の関係が育つのだろうか？　場合によれば、学習進度の遅い子どもと早い子どもを分断した上で、それぞれの子どもどうしをグループ化した学習活動を「協働的な学び」だと呼ぶことにもなりかねない。そのような学校、特に教室空間は、はたして「インクルーシブ」な学びの空間だといえるのだろうか？

　ちなみに「令和の日本型学校」答申は「誰一人取り残す事のない、持続可能で多様性と包摂性のある社会の実現」（答申、p.16）を目指すという。また、この答申では「特別支援教育」に関連して、「障害のある子供と障害の子供が可能な限り共に教育を受けられる条件整備が行われており、また、障害のある子供の自律と社会参加を見据え、一人一人の教育的ニーズに最も的確に応える指導を提供できるよう、通常の学級、通級による指導、特別支援学級、特別支援学校といった、連続性のある多様な学びの場の一層の充実・整備がなされている」（答申、p.21）かたちを目指すという。しかし、公教育のDXを通して「修得主義」的な学びが強化された教室空間では、たとえ「協働的な学び」が補完的に行われたとしても、それを上回るかたちで、子どもたちは「個別最適な学び」を通じて分断される一方ではないか。

3：公教育のDXがもたらす教職員の仕事の変容
——ICTを通じて教員の教育実践はより強く「管理」される？

　さて、「修得主義」的な発想を前提にすれば、教職員（特に教員）側にも、ICTを活用するかたちで個々の子どもの学習履歴を正確に把握し、子どもの学習進度や個性などに応じた的確な指導を行うことが要請されることになる。また、教員養成や研修の段階から、このような「指導」のできる教職員であることが求められ、教職員の仕事も公教育のDXに対応したものに変容することになる。たとえば、以下のとおりである。

　　○大学における教員養成段階において、学生が1人1台端末を持っていることを前提とした教育を実現しつつ、児童生徒にプログラミング的思考、情報モラル等に関する資質・能力も含む情報活用能力を身に付けさせるためのICT活用指導力を養成することや、学習履歴（スタディ・ログ）の利活用などの教師のデータリテラシーの向上に向けた教

育などの充実を図っていくことが求められる。(答申、p.32)

○ICTを“すぐにでも”“どの教科等でも”“誰でも”活用できる環境を整え、日常的に活用することにより、児童生徒がICTを「文房具」として自由な発想で活用できるようにし、「主体的・対話的で深い学び」の実現に向けた授業改善に活かしていくべきである。(答申、p.77)

しかし「令和の日本型学校」答申はICTを単なる文房具というが、ICTは黒板やノート、鉛筆のような従来の文房具とは大きく異なる。すでに上記の引用部分にもあるが、「学習履歴(スタディ・ログ)」の残る道具である。この「学習履歴(スタディ・ログ)」がどのように活用されるのかによって、実は子どもの「個別最適な学び」の管理を通じて、教職員(特に教員)の仕事の内容も管理されることになる。たとえば「令和の日本型学校」答申には、次のような文言も登場する。

○学習履歴(スタディ・ログ)をはじめとした様々な教育データを蓄積・分析・利活用することにより、児童生徒自身のふりかえりにつながる学習成果の可視化がなされるほか、教師に対しては個々の児童生徒の学習状況が情報集約されて提供され、これらのデータをもとにしたきめ細かい指導や学習評価が可能となる。(中略)
　このため、教育データ利活用の基盤となるデータ標準化等の取組を加速しつつ、個々の児童生徒の知識・技能等に関する学習計画及び学習履歴(スタディ・ログ)等のICTを活用したPDCAサイクルの改善を図ることや、進学や転学の際にも学校間での児童生徒のデータの引き継ぎを円滑に行うことなどにより、全ての子供たちの可能性を引き出すよう、個々の状況に応じたきめ細かい指導や学習評価の充実や、学習の改善を図ることが必要である。また、全国の学校でCBTを活用したオンラインでの学習診断などができるプラットフォームを構築するとともに、先端技術の持つ強みを最大限生かし、学校現場で効果的に活用できるよう、効果や留意点、活用事例等を整理・周知する必要がある。(答申p.77〜78)

　○GIGAスクール構想や国際的な学力調査のCBTによる実施の流れを踏
　まえ、全国学力・学習状況調査のCBT化について専門的・技術的な観
　点から検討を行うとともに、小規模から試行・検証に取り組み、課題
　の解決を図りつつ、段階的に規模・内容を拡張・充実させていくこと
　が必要である。（答申、p.78）

　いかがだろうか？　なにしろ「令和の日本型学校」答申では、「『指導の
個別化』と『学習の個性化』を教師視点から整理した概念が『個に応じた
指導』であり、この『個に応じた指導』を学習者視点から整理した概念が
『個別最適な学び』である」（答申、p.18）というのである。したがって、こ
れからは公教育のDXの流れのなかで、ICTを活用して、子どもたちは「個
別最適な学び」の状況を学習履歴（スタディ・ログ）ですべて把握される
ことになる。でもそれは他方で、その子どもへの「個別最適な学び」に対
して、教職員（特に教員）もまたどのような指導をどのように行ったのか
ということを、学習履歴を通じて常に「管理」されることと同義である。
しかもICTの端末を通じて全国学力・学習状況調査（いわゆる全国学テ）
などを実施し、そのデータを集約することも目指しているわけであるから、
「令和の日本型学校」答申における子どもの「学び」や教職員の行う教育実
践（特に授業実践）は、「全国学力・学習状況調査」での結果向上に向かう
方向にPDCAサイクルを通じてより強く「管理」されることが想定される。
もしもこのような方向に「令和の日本的学校」答申をふまえた日本の公教
育が向かうのであれば、そこで実現するのは「個別最適な学び」を通じた
「子どもと教職員の管理」であり、それを可能にするのが公教育のDXであ
り、ICT活用であると言わざるをえない。
　これに加えて「令和の日本型学校」答申では、教職員の働き方改革の推
進を、この公教育のDXを通じて行うという。たとえば次のとおりである。

　○学校における働き方改革の推進（例えば、教材研究・教材作成等の
　授業準備にかかる時間・労力を削減すること、書類作成や会議等を効
　率的・効果的に実施すること、遠隔技術を活用して教員研修や各種会
　議を実施すること）（答申、p.26〜27）

　しかしながら、このような公教育のDXを通じて行われた教職員の「働き方改革」も、それによって浮いた勤務時間はさらなる公教育のDXの推進、特に教職員のICT活用能力向上を目指す研修の実施によって埋め合わされ、「教職員の多忙化Aから多忙化Bへ」という「多忙化の質的転換」だけで終わる危険性が高い。また、たとえ教員免許更新制が廃止されたとしても、やはり「令和の日本型学校」答申がもたらす公教育のDXによって、教員が「研修」に追い立てられる危険性は高い。そして、その研修は、まるで「個別最適な学び」が学校嫌いの子どもの家にまでICTによって追いかけてくるのと同様に、教職員の家にまで追いかけてくるのではなかろうか。そのことは、次の「令和の日本型学校」答申の記述からもわかる。

　　○現職教師に対しても、ICT活用指導力の更なる向上を図る必要がある。平成28（2016）年の教育公務員特例法の改正により、教師のキャリアステージごとに、都道府県教育委員会等が育成を目指す教師の資質・能力の指標を定めるとともに、それに基づいて研修計画を策定することとされている。そのため、都道府県教育委員会等が定めているこの育成指標において、ICT活用指導力を明確化すること等を通じて、都道府県教育委員会等の研修がより体系的かつ効果的に実施されるようにすることが望まれる。その際、時間、場所を選ばず教師が一人でも実施できるよう、国は、教師向けオンライン研修プログラムを含む、研修コンテンツの提供や都道府県等における研修の更なる充実を促すべきである。（答申p.87〜88）

　この引用部分でわかるように、「令和の日本型学校」答申のもとでは、子どもだけでなく、教職員もまたICT活用指導力の向上という観点から「個別最適な学び」を求められ、「働き方改革」で浮いた時間を「研修」に費やすように方向づけられているのである。しかも、教職員のICT活用指導力向上のための研修履歴もまた、オンライン研修プログラムを今後積極的に活用するのであれば、なんらかのかたちで「研修履歴」が残るであろう。

おわりに

——「公教育のDX」の内実を根本的に疑う必要があるのではないか？

　以上述べてきたとおり、「令和の日本型学校」答申が導入しようとする公教育のDXは、「個別最適な学び」をキーワードにしつつ、さまざまなかたちで子どもと教職員の学びを制約し、「管理」するものではなかろうか。特に、「個別最適な学び」を推進しようとする「善意ある教員」が、学習履歴とICT活用を通じて、「協働的な学び」を上回るかたちで子どもたちを分断し、家庭にも逃げ場のないところに子どもたちの「学び」を追いつめてしまう危険性がある。他方で教職員（特に教員）の側も、一方で「働き方改革」で業務負担を削減されたとしても、他方でICT活用指導力向上等の研修が求められることになり、負担がやはり重くのしかかることになる。

　このように考えるならば、「令和の日本型学校」答申が導入しようとする公教育のDXは、一方で「全ての子供たちの可能性を引き出す、個別最適な学びと、協働的な学びの実現」（答申、p.19）を目指すという高い理想を掲げつつも、それを積極的に推進すればするほど、結果的に学校において子どもと教職員双方の「学び」を制約・管理することを生み出し、「安全・安心な居場所」を奪うことにつながるのではなかろうか。

　だとすれば今後、本学会での議論等を通じて、子どもと教職員の双方がこの公教育のDXを中心とした「令和の日本的学校」答申のもたらすものに対して、どのように抵抗したり、それをすり抜けたり、あるいは「逆手」にとってオルタナティブな道を見いだせたりするか等、多種多様な観点から議論を深めていく必要があると考える。

　たとえば「教育労働」についても、今後の本学会において、公教育のDXが推進されるなかで、実際に子どもと教職員の関係や教育実践の在り方、子どもと子ども、教職員と教職員の関係がどのように変容し、何をもたらしているのかについて、その折々の状況のていねいな記述と批判的な議論を行っていくことが必要であろう。また、災害発生時の学校のあり方や、子どものセーフティネットとしての学校、インクルーシブ教育との関係など、本学会がこれまで積極的に論じて諸課題に対応させるかたちで、公教育のDXについても論じていく必要があるだろう。

　最後に、本稿の締めくくりにあたって、まだまだ本稿以外にも多様な観点から、「令和の日本型学校」答申自体について批判的な検討作業が必要で

あること。また、「人工知能（AI）などの先端技術が高度化してあらゆる産業や社会生活に取り入れられた『Society5.0時代』」なる社会情勢に対する認識についても、多様な観点から批判的な検討作業が必要であること[8]。そのことも、ここで簡潔にではあるが指摘しておきたい。

注
（1）岡村達雄編『教育のなかの国家 現代教育行政批判』勁草書房、1983年、p.9
（2）中央教育審議会答申「『令和の日本型学校教育』の構築を目指して～全ての子供たちの可能性を引き出す、個別最適な学びと、協働的な学びの実現～」（2021年1月26日、以後「令和の日本型学校」答申と略）については、文部科学省の次のホームページを参照。以後、特に断りがない限り、「令和の日本型学校」答申の引用は、下記のホームページにある本文（PDF）から行っている。
　　https://www.mext.go.jp/b_menu/shingi/chukyo/chukyo3/079/sonota/1412985_00002.htm 　（2022年6月29日確認）
　　以後、本稿では「令和の日本型学校」答申からの引用部分には、「答申、p.00」と表記をして、脚注表記を省略する。それ以外の文献については、これまでの脚注表記の例にならう。
（3）ちなみに「令和の日本型学校」答申では、この「デジタルトランスフォーメーション」（DX）について、「将来の成長、競争力強化のために、新たなデジタル技術を活用して新たなビジネスモデルを創出・柔軟に改変すること」と説明している。（答申、p.5）
（4）小崎誠二「『教育DX』はこれまでのICT活用とどう違うのか―その可能性と課題」『社会科教育』（明治図書）2022年6月号、p.10。
（5）たとえば「令和の日本型学校」答申では、「学校では『みんなで同じことを、同じように』を過度に要求する面が見られ、学校生活においても『同調圧力』を感じる子供が増えてという指摘もある」という（答申、p.8）。
　　では、そのような「同調圧力」の強い日本の公教育を形成してきたのは、いったい誰なのか？　あるいは、その「同調圧力」が、日本の公教育においてはどのような経過のなかで生まれてきたのか？　さらには、その学校での「同調圧力」の形成と「全国学力・学習状況調査」（いわゆる「全国学テ」）実施、さらには現行の学習指導要領実施との間には、何らかの関係があるのではないのか？　このようなことへの懐疑や批判的な思考は、「令和の日本型学校」答申にはあまり見られない。
　　ちなみに学校での「同調圧力」の強さそのものは、いじめ・不登校（登校拒否）問題との関連で、1990年代後半の中央教育審議会（中教審）でも問題視されている。そのことは、下記の文部科学省ホームページで、

中教審「21世紀を展望した我が国の教育の在り方について（第一次答申）」
（1996年8月）の「いじめ・登校拒否の問題」の部分を読めばわかる。
　　https://www.mext.go.jp/b_menu/shingi/chuuou/toushin/960701g.htm
（2022年7月2日確認）

（6）たとえば大森直樹・大橋保明編著『3.11後の教育実践記録　第1巻
　　地震・津波被災校と3・11受入校』（アドバンテージサーバー、2021年）
　　のなかには、「停電、断水、ガソリンなしとライフラインの停止が続き、
　　命をなくさないための生活が続いた。学校の再開はいつになるのか全く
　　見通しの持てない状態だった。当然、通常の年度末の活動はすべてスト
　　ップしていた」という岩手県大船渡市の小学校に勤務する教員の東日本
　　大震災被災当時の記録が掲載されている（同書、p.53）。今後も災害発生
　　時、たとえば「家や学校でICT機器を使おうとしても、停電で使用でき
　　ない」「ICT機器そのものが被災して破損した」等の状況が十分想定され
　　る。だが、「令和の日本型学校」答申はそういう想定を全くといってい
　　いほどしていない。このように考えると「公教育のDX」は、かえって
　　災害発生時に弱い学校をつくっているのではないか。
（7）東勇士「グループワーク×個別学習で史料を読む授業」『社会科教育』
　　（明治図書）2022年6月号、p.22〜25を参照。
（8）たとえば西垣通・河島茂生『AI倫理』（中公新書ラクレ、2019年）や、
　　美馬のゆり『AIの時代を生きる』（岩波ジュニア新書、2021年）のよう
　　に、情報学やメディア論、あるいは教育工学系の側からも、人工知能（AI）
　　の持つ正負の両面から批判的な議論が行われている。少なくともAIが社
　　会のさまざまな領域で積極的に活用される「Society5.0時代」を、上記の
　　2つの文献は「バラ色」な社会として描こうとはしていない。むしろ上
　　記の文献などではさまざまな問題が生じる社会として描こうとしている
　　面が強い。

　　　　　　　　　　　　　（公教育計画学会会員　京都精華大学）

特集1　令和の日本型学校教育と教育労働

「令和の日本型学校教育」に関する批判的考察
——その競争的性質と子どもの権利

山本　詩織

はじめに

　本稿は、「『令和の日本型学校教育』の構築を目指して〜全ての子供たちの可能性を引き出す、個別最適な学びと、協働的な学びの実現〜（答申）」[1] を取り上げ、子どもの権利保障という視点から考察していくことを意図している。

　本稿を執筆しているさなかである2022年6月22日、こども基本法が公布された。1994年に日本が子どもの権利条約に批准してからはじめて、子どもの権利に関する国の基本方針、理念及び子どもの権利保障のための原理原則が定められたこととなる。これまで日本政府は、子どもの権利がその当時の国内法で対応できているとする見解を示していた[2]。直近では、国連子どもの権利委員会からの第4回・第5回日本政府報告に関する質問事項に対する「日本政府回答」にて、児童の権利に関する包括的な法律を採択する計画がないことを、以下のように回答している[3]。

　　我が国は、条約の締結にあたっては、国内法制度との整合性を確保することとしている。児童の権利条約は、表現の自由、思想・良心の自由等の自由権的権利から、社会保障、生活水準についての権利等の社会権的権利、児童の健全な成育に資する事項、性的搾取及び虐待からの保護等、極めて広汎な権利、事項を規定しているが、これらの内容は、憲法をはじめとする現行国内法制によって既に保障されている。

　しかし、結果として国連子どもの権利委員会からは、「子どもの権利に関する包括的な法律を採択し、かつ国内法を条約の原則および規定と完全に調和させるための措置をとるよう、強く勧告」[4] された。日本の子どもの権利保障は、体制面においても実行面においても不十分であることが指摘されており[5]、立

法による履行を企図してこども基本法制定へとたどり着いた。

　こども基本法は、憲法及び国際法上認められる子どもの権利を、包括的に保障する「基本法」という法形式となる。そのため、個別の分野に適用される立法、改正、運用の指針として機能する「親規定」として位置づけられる。未来を担う子どもの養育、教育、保健、医療、福祉等の子どもの権利施策を幅広く、整合性をもって実施するために、こども基本法の理念に基づいて検討することは喫緊の課題と言えよう。

　ところで日本の教育について、国連子どもの権利委員会は2019年に出された「日本の第 4 回・第 5 回統合定期報告書に関する総括所見」（以下、「第 4 回・第 5 回総括所見」とする）の「教育」では以下の勧告が示されている。

　　　ストレスの多い学校環境（過度に競争的なシステムを含む）から子どもを解放するための措置を強化すること。

　日本の学校教育は、「過度に競争的なシステム」を含んだ環境であると明確　に評価されたこの勧告は、第1回最終所見以来くり返し指摘されてきた。さらに、この「過度に競争的なシステム」は、子どもの権利条約の一般原則である「生命、生存および発達に対する権利」という視点から、以下のように勧告がなされている。

　　　子どもが、社会の競争的性質によって子ども時代および発達を害されることなく子ども時代を享受できることを確保するための措置をとること。

　「子ども期を子どもから奪うものとして競争社会が位置づけられて」おり、(6) 第 1 回最終所見よりくり返し指摘され続けてきた日本の学校教育における「過度に競争的なシステム」に加えて、日本社会における競争的性質によるという関係性までもが指摘されている。しかし、前述した通り、日本政府は当時の国内法にて子どもの権利保障がなされているという理解を示す。日本政府による子どもの権利保障概念は疑わざるを得ない。

　そこで本稿では、「第 4 回・第 5 回総括所見」ののちに取りまとめられた、

「『令和の日本型学校教育』の構築を目指して〜全ての子供たちの可能性を引き出す、個別最適な学びと、協働的な学びの実現〜（答申）」（以下、答申と記述）に描かれる公教育像、とりわけ義務教育段階 (7) を取り上げ、「学習者の人権保障」と「学習者の人権意識・人権感覚を育てる」という2つの視点から考察する。この2つの視点から考察する理由は、同和教育をもとに人権教育のあり方について研究した若槻健の先行研究にある。

　彼は、これまでの学校教育では社会からの排除に対抗する力を子どもたちに十分身に付けさせることができなかったという、教育実践に内在的な問題があることを指摘している (8)。加えて、社会からの排除に対抗する力については「「学力」（人権としての教育）と社会を生き抜くスキルや知識（人権についての教育）が不可欠である」と論じる。

　しかし、日本政府が描く公教育像のなかで、教育実践が若槻の指す「学力」を身に付けることができるような、学習権をはじめとする「学習者の人権保障」が可能な状況なのだろうか。また、学習者の「社会を生き抜くスキルや知識」の基盤となり得る人権意識・人権感覚を育てることが可能な状況なのだろうか。筆者は教育実践以前に、日本政府の公教育像にこそ問題があると仮説を立てている。

　そのため上記の視点から、答申に描かれる公教育像について批判的考察を行う。この作業を通して仮説を検証し、国連子どもの権利委員会がくり返し指摘し続ける日本学校教育における問題点の現状を指摘し、今後のあり方について展望を述べたい。

1. 令和の日本型学校教育とは

　中央教育審議会は、2021年１月26日の第127回総会においてこの答申をとりまとめた。新型コロナウイルスの感染拡大に便乗し公教育像の転換を迫る内容については、批判的論考も存在する (9)。

　内容について概観していきたい。先に結論から述べると、経産省の公教育改変像に寄り添った形であると評価せざるを得ない。「未来投資戦略2017」に採択されたSociety5.0の概念は、経産省の「未来の教室」と「EdTech研究会」に結びつき、その結果2018年の第一次提言にて「ICTの活用」により「STEAM教育」を推進し、「個別最適な学び」の実現を目指すことが示された。対して文科省は、経産省の第1次提言と同年の2018年に、Society5.0の

概念をもとにした「Society5.0に向けた人材育成〜社会が変わる、学びが変わる〜」、2019年には「新時代の学びを支える先端技術活用推進方策（最終まとめ）」、そして「子供たち一人ひとりに個別最適化され、創造性を育む教育ICT環境の実現に向けて〜令和時代のスタンダードとしての1人1台端末環境〜」を立て続けに出す。そして2021年に同答申のとりまとめへと繋がる。

　同時期に検討が進んだこの2つの流れは、答申内でくり返し登場する語句から結びつきが読み取れる。例えば、「個別最適な学び」33回、「ICTの活用」33回、「STEAM教育」24回、「Society5.0」21回、「令和の日本型学校教育」18回、「GIGAスクール構想」17回と、経産省の提言に登場する語句と同様の（あるいは類似した）語句が頻繁に登場する。ただし、文科省としては、新学習指導要領上「主体的・対話的で深い学び」も推進しなければならない。「個別最適な学び」のみを強調することは、新学習指導要領との矛盾を生む。また、新型コロナウイルスの感染拡大による学校機能の見直しという背景も影響し、「個別最適な学び」を強く推し進めることは当然批判の対象となろう。そのため、本答申では「個別最適な学び」と「協働的な学び」という2つの学びの視点が提示される形となった。

　次に、「個別最適な学び」と「協働的な学び」が何を示しているのか、答申の内容を確認する。「個別最適な学び」については、「個に応じた指導」が充実化される必要性について示されている。その背景としては、以下の2つを挙げる。まず1つは、「GIGAスクール構想により学校のICT環境が急速に整備」された状況である。もう1つは、「新型コロナウイルス感染症の感染拡大による臨時休業の長期化」を挙げ、子ども自身が学習のあり方を調整することが出来ていないという問題点を指摘している。

　これらの背景をもとに、今後は「新たなICT環境を活用する」とともに、「個に応じた指導」を充実が必要であることが示される。「学習履歴（スタディ・ログ）や生徒指導上のデータ、健康診断情報等を蓄積・分析・利活用」することを「ICTの活用」の具体的方策として挙げ、子ども一人一人に応じた「指導の個別化」を図る。なお、「指導の個別化」がなされた後は、「学習が最適となるよう調整」する「学習の個別化」は「子供自身」が行うものであると突き放されていることにも注目したい。これらの説明をもとに「個別最適な学び」は、子どもたちの学習を自己責任化して突き放した

「個に応じた指導」を「学習者視点から整理した概念」であると説明している。

　以上のように「個別最適な学び」を説明したのちに、「孤立した学び」になり得るのではないかという当然の批判に反論する形で「協働的な学び」が登場する。「探究的な学習や体験活動などを通じ、子供同士で、あるいは地域の方々をはじめ多様な他者と協働しながら、あらゆる他者を価値のある存在として尊重し、様々な社会的な変化を乗り越え、持続可能な社会の創り手となることができるよう、必要な資質・能力を育成する」ことを「協働的な学び」であるとしている。これまでの「日本型学校教育」を肯定的に評価しているように捉えられる一方で、この学びの発展に関しても「ICTの活用」が具体的方策として提示されている。「ICTの活用」によってなされる「協働的な学び」が、経産省の考える「STEAM教育」を示す懸念も示唆されている[(10)]。答申からは必ずしも「STEAM教育」を想定しているとは断言できない。しかし、「Society5.0時代」に向けて必要となる資質・能力を「ICTの活用」によって育む必要性があることは明確に述べられていることから、「協働的な学び」が経産省の考える「STEAM教育」に寄せられた形で展開される得ることも当然危惧されることであろう。

　以上の「個別最適な学び」と「協働的な学び」の往還により、「ICTの活用」を主として学習を充実させ、「Society5.0に向けて」「全ての子供たちの可能性を引き出す」学びの姿を、目指すべき「令和の日本型学校教育」の姿と定義した。

2. 学習者の人権保障という視点から
（1）学習権の保障
　まず検証していきたいのは、「個別最適な学び」が学習権を保障し得るのか、という点である。義務教育段階における具体的な学びの姿は、答申内で以下のように示される（下線は引用者による）。

　　個々の児童生徒の学習状況を教師が一元的に把握できる中で、それに基づき特別な支援が必要な者に対する個別支援が充実され、多様な児童生徒がお互いを理解しながら共に学び、特定分野に特異な才能のある児童生徒が、その才能を存分に伸ばせる高度な学びの機会にアクセ

　スすることができる。

　また、教育課程のあり方に関して、「個別最適な学び」では個々人の学習
の状況や成果を重視する修得主義の考え方を積極的に採用していく方針が
示されている。修得主義について、「一定の期間における個々人の学習の状
況や成果を問い、それぞれの学習状況に応じた学習内容を提供する」とい
う特徴を挙げている。このことから、「個別最適な学び」は「個別支援」と
称されているが、一定の尺度で能力をはかり、選別し、アクセスできる教
育を限定している。
　これは、教育基本法第 4 条における教育の機会均等に関していかなる立
場から捉えているのか、という点から考察していきたい。教育基本法第 4条
は、日本国憲法14条 1 項・26条 1 項を受けて教育の機会均等の原則を定め
る。教育基本法第 4 条 1 項の「ひとしく、その能力に応じた教育を受ける
機会」と、日本国憲法26条 1 項「その能力に応じて、ひとしく教育を受け
る権利」は、その文言の意味をめぐり学説の対立がある。1 つは能力程度主
義として、「教育を受ける能力と無関係な事情（財産・社会的身分・家庭事
情など）を理由とする選別は許されないが、各人の適性や能力の違いに応
じて異なった内容の教育をすることは許される」と解釈するもの [11] がある。
　もう 1 つは、能力発達保障主義としての解釈である。「教育を受ける権利
は、すべての人がその学習権・人間的発達権を実現できるように国家に積
極的条件整備を要求する権利である。そこで『能力に応じてひとしく教育
をうける』という語句も、すべての子どもが能力発達のしかたに応じてな
るべく能力発達ができるような（能力発達上の必要に応じた）教育を保障
される、という意味に読む」 [12] ものであり、能力そのものの発達可能性を、
限りある資源配分の必要という名目でおしとどめている、能力差の根拠を
静態的に人間の自然的差異に還元する、能力差にあらわれうる環境ないし
外的条件の不平等を不問にする、等の問題を能力程度主義がはらんでいる
という認識から発する立場とする [13]。
　能力発達保障主義に対しては、能力や成績により子どもたちを序列化す
ることを「能力主義的差別」あるいは「差別=選別教育」とみる「差別」の
論じ方は日本社会に特徴的な捉え方であるという指摘 [14] も存在する。「能
力」に基づく区別を、①不変の特性（自らの意思によって変更することの

032

できない指標による差別）、②政治プロセスを通じて自らを防衛する能力が
ないとき、③歴史的に当該グループに対して偏見などに基づく差別がなさ
れてきたかどうか、という3つの考慮事項に該当しないことから、憲法14条
の「平等」の意味に基づき「不合理な差別」（人権侵害）に該当するとみる
のは困難であるという指摘 (15) もみられる。「個別最適な学び」を展開する
ために、児童生徒を選別することを肯定する理論的背景はここにある。

　しかし、答申内では「思考力・判断力・表現力等や学びに向かう力等こ
そ、家庭の経済事情など、子供を取り巻く環境を背景とした差が生まれや
すい能力であるとの指摘もあることに留意が必要である。」と、環境要因に
よる差が生じる可能性についても言及されている。鈴木祥蔵は、人間には
偶有的特性をもつことを理由に差別が行われていた歴史を批判している。
偶有的特性とは、「人種、信条、性別、社会的身分、門地、身体的特徴、経
済的地位、学歴、病気、障害、両親の有無、職業など」を挙げており、「気
がついてみたら自分は黄色人種の日本人であったとか、両親が離婚して片
親の手で育てられたとか、家の職業がサラリーマンであったというにすぎ
ません。」(16) と、偶有的特性は不変の特性であることを指摘している。さら
に鈴木は、子どもが出生後からおかれる環境条件のなかで顕在化した顕在
的能力を一定の尺度ではかり、それに基づき選別することが差別であると
批判する (17)。潜在的能力を有していたとしても、偶有的特性により顕在化
していない可能性もある。その場合、顕在化している能力のみにより選別
され教育の機会が平等に与えられないとすると、潜在的能力は閉ざされた
まま、人間的な成長発達の権利を剥奪されてしまう。

　「子供を取り巻く環境」は、偶有的特性に他ならない。つまり、上述した
3つの考慮事項における①不変の特性に該当するはずである。このような選
別的教育は「不合理な差別」であり、学習権の侵害である。

　早期からの選別的教育に関して、広田照幸は以下のようにその問題点を
指摘している。

　　能力による選抜はあいまいで不確実であり、生まれつきの能力は測れ
　　ないとすると、早期に諸個人を分化させる教育システム（中略）は、
　　就学以前の環境のちがいをダイレクトに反映した能力差を分化した教
　　育が実質化させてしまうこととなる (18)。

　第一次・第二次安倍政権下における教育政策に対しては、財界の選別的な人材要求に応じた「グローバル・エリート」育成と、財界の選別からこぼれ落ちた「ノンエリート」を国内労働力として形成することを目的とし、新自由主義と国家主義とが両輪として機能していたことが多く指摘されている[19]。子どもの教育は保護者がその財力をもって身に付けさせるものと考えられ、財力のない世帯に対して国家が自己実現・自己解決能力を基にして、選別主義的な支援をするという新自由主義的な国家の立場[20]も批判されている。「令和の日本型学校教育」における「個別最適な学び」は、これまでの教育政策の方針を引き継ぎつつ、広田が指摘する「早期に諸個人を分化させる教育システム」の構築であり、既存の階層構造・階級構造を再生産する学校機能[21]が事実上強化される公教育像を描く。

（2）子どもの意見表明権の保障

　住友剛は、公益社団法人セーブ・ザ・チルドレン・ジャパンが実施した緊急アンケート結果をもとに、子どもたちの声から学びのニーズを適切に受け取り、応答的に対応していく必要性を指摘している[22]。「第4回・第5回総括所見」においても、「自己に関わるあらゆる事柄について自由に意見を表明する子どもの権利が尊重されていない」ことに強く懸念が示され、「すべての子どもが意味のある形でかつエンパワーされながら」自らに関するすべての事柄に参加することを積極的に促進するよう勧告している。

　答申内でも、新型コロナウイルス感染拡大防止対策による学校の臨時休業措置の影響を受け、得られた子どもの声を取り上げ、「学校は、学習機会と学力を保障するという役割のみならず、全人的な発達・成長を保障する役割や、人と安全・安心につながることができる居場所・セーフティネットとして身体的、精神的な健康を保障するという福祉的な役割」も再認識されている。小学校低学年においては「日常生活が送れていない・外出できない」こと、「人と会えない・会いたい」という点での困り感が圧倒的に多い[23]。しかし、この答申で描かれている公教育像では、「個別最適な学び」として子どもたちが学校の中で分断され、選別され、場合によっては特定のグループから排除されてしまう。

　確かに、前述した調査結果をみると、子どもたちのニーズとしては学びの保障もある。ただし、「学習を促す適切な教育環境」が失われたことによ

り顕在化したものの可能性が高く、「個別最適な学び」が必ずしも子どもたちのニーズに合致しているとは評価できない。前述した困り感から分かるように、子どもたちは分断され、選別されることを望んでいない。「個別最適な学び」として分断され、選別される学校という存在に、彼・彼女たちがこれまでのような存在意義を見出せるのだろうか。社会における権力を大人が握っているなか、子どもの要求に耳を傾け、理解し、そして応答的対応をしていく社会を構築しなければ、子どもたちは社会に何ら期待を寄せない。そのような社会では、子どもが意見を表明しないことが容易に想像できる。

　本答申からは、まずは自らの存在について、社会に変化を与える存在であるという認識を子どもたち自身がもつことの出来るような環境をつくり出すこと、そのために大人が子どもの意見を適切に読み取り、応答的に対応していくことが喫緊の課題であると分かる[24]。この状況改善に取り組むことなしに、子どもの意見表明権の保障は果たすことができない。

3. 学習者の人権意識・人権感覚を育てうるのか
（1）個人の健康等情報を管理からなる生命の管理・統制
　「ICTの活用」は学習履歴（スタディ・ログ）のみならず、子どもたちの健康状態—生命の管理・統制をも射程に入れている。答申内では、「個別最適な学び」の充実や教職員の働き方改革に資するとして、学齢期の健康診断及びその結果情報を電子化し、生まれてから学校，職場など生涯にわたる個人の健康等情報をマイナポータル等を用いて電子記録として本人や家族が正確に把握するための仕組みであるPHRに紐づけるべきとの考えを明確に示した。このような生命の管理・統制は、人権意識・人権感覚を育てる教育を阻害する。

　フーコーの「生に対する権力」を援用して論を進めていきたい[25]。フーコーは、生と死に対する権利について、「死なせるか生きるままにしておくという古い権利に代わって、生きさせるか死の中へ廃棄する権力が現れた」と権力メカニズムの変容を指摘している。そしてこの変容によって、「死は権力の限界」となり、「個人的で私的な権利」となった。君主は国民の「生命」を時には奪い死に至らしめ、自由に扱うという権力を有していたが、国民の「生命」を保証し、そのために介入することで、管理・統制する権

力へと変容した。国民はそれまで、自己の「生命」を脅かされる直接的な「死」に対する恐怖や不満から、権力へ抵抗することが可能だった。しかし、国民の「生命」を保証するというのであれば、直接的な「死」をかき消すこととなる。それまでの権力に対する抵抗が立ち消え、生に対する権力は増強される。

　この場合、「死」に対する認識によって権力への唯一の抵抗が可能となり得る。「死」とは、「生命」を保証するという強大な権力にとって唯一の限界を示した形であった。「死」は「生命」の終焉であり、「生命」を保証する権力の手が及ばない範囲である。いくら「生命」を保証すると称して国民の「生命」に積極的に介入し、管理・統制を行ったとしても、人間には平等に「死」が訪れる。管理・統制下にあったとしても、結局は「死」が訪れるという現象を変えることは出来ない。そのため、「生命」を保証するという権力は、「死」をうまくかわそうとする。「死」という事実から目を逸らし、国民がこの限界に気づかないように、そして管理・統制が正常になされるよう、「死」をタブー化していくのである。

　個人の健康等情報を管理することの意義を、「子供たちが生涯にわたって本人自身の健康づくりや医療機関受診時の円滑なコミュニケーション等に活用できる基盤」となり得る点を挙げている。これは生命を保障するという名目上なされる権力の管理・統制体制を意味している。国家主義的な統制の強化である。

　国家主義的な統制の強化は、自己充実・自己実現のための選択・行動を極めて困難にする。「死」をタブー化する管理・統制は、自己の本質に対する認識という、生命観の構築を妨げる。「死」は、それを意識化することで自己の「生命」を見つめることとなり、生命観を構築し、それをもとに自己充実・自己実現のための選択・行動へと繋げていくものであるからにある[26]。生命に対する管理・統制は、自己の「生命」に権力が介入している事実や管理・統制によって何らかの制限がなされている事実を隠蔽し、あらかじめ用意されていた「生命」の枠組みへと同化させる。自己決定権の侵害と同時に、自己が権利行使をする主体であるという発露がなされず、学習者の人権意識・人権感覚を育てる教育を阻害する要因となる。

（2）「個別最適な学び」による選別

　「個別最適な学び」による選別は、生命に対する管理・統制と組み合わさ

れ、学習者の人権意識・人権感覚を育てる教育をより一層阻害する。相庭和彦は、これまで国家の統治のために、「愛国心」教育とアジアに対する差別意識が利用されてきたことを指摘している[27]。特に貧困層は、自らが自己の人生を自分のものとして生きられないことから、一時的快楽として他者をさげすみ、抑圧された自己を取り戻した幻覚におぼれ、その行為が差別であり、差別が蔓延する仕組みを指摘した。

　既存の階層構造・階級構造を再生産する学校機能は、能力主義と人権侵害、そしてそれによって生じる差別を肯定する。そしてこの環境におかれた子どもたちは、自らが置かれた環境から差別の思想を学習してしまう。そこに人権意識・人権感覚が養う素地は前提として整っていない。

　「グローバル・エリート」となることを期待され、選別された子どもたちは、そこからこぼれ落ちないように大人＝国家から求められる「資質・能力」を育成され、新自由主義社会に適応するために学習する。そこに本質的な自己実現は存在しない。なぜなら、生命に対する管理・統制がなされている状態では、自らが自己決定権を所有し権利行使する主体とは認識することができず、己の生命を規定する他者（権威者）に対して従属関係を取ることしかできないからである。

　「ノンエリート」として選別された層は、より深刻な状況に陥る。潜在的能力を閉ざされたまま、支援を受けられるか否かさえも自己責任化され、学びから隔離されてしまう。適切な学習機会を得られず、結果として自己を肯定する機会も能力も得られない不満は、さらなる差別という幻覚によって満たすしかない。自らを苦しめる差別という行為を否定することなどできず、さらなる差別を生むしかないのである。

　義務教育段階からこのような選別が常態化するのであれば、競争的性質はより一層強まるだろう。「第4回・第5回総括所見」で指摘されている「過度に競争的なシステム」は、改善されるどころか悪化の一途をたどり、日本の公教育はディストピアになりかねない。

おわりに

　答申の内容を読み解くと、選別と分断により既存の階層構造・階級構造を再生産する学校機能が事実上強化される「個別最適な学び」と「ICTの活用」による生命に対する管理・統制により、日本の公教育は競争的性質がより一層強まることが危惧される。国連子どもの権利保障委員会からの指

摘は改善されることなく、より強化され日本の公教育に存在し続けている。このような公教育像では、子どもの権利保障はおろか、人権意識・人権感覚を育てる学習も成立しない。こども基本法が制定されたものの、現状日本政府はその理念を正しく理解し、その具体策となる実施法の制定に至るかどうか疑わざるを得ない。

　国連子どもの権利保障委員会からくり返し指摘され続けているにも関わらず、一向に改善が見られない学校の競争的性質を解消する手立ての1つは、差別意識の克服であると筆者は考える。差別意識を利用して貧困をはじめとする問題から目をそらすのではなく、基本的人権というものに真摯に向き合い、教育による人権意識・人権感覚の育成のあり方を検討しなければならない。誰しもが権利行使の主体であり、自己充実・自己実現のための選択・行動を取ることができることに疑いの余地はない。

　では、どのように差別意識の克服をすべきなのだろうか。筆者は生命に対する管理・統制に抵抗し、「死」のタブー化の解消がなされるべきだと考える。「生命」を所有しているということは人間を人間たらしめる根源的事実であり、すべての学習の核となる[28]。「死」のタブー化によって生命観構築が阻害され、その結果「生命」そのものの認識や思索が十分に機能せず、人間としての存在さえも薄いヴェールによって曖昧化された状態にされてしまっている。

　「死」のタブー化は、学習者の「個」としての存在を矮小化させる。人権意識・人権感覚が低く、主権者としての権利行使がなされないことはもちろん、主体性や能動性を発揮した自己実現は遠い。主体性や能動性を発揮せずとも、公権力は生存の枠組みを与えることで生存を保証する。その代償として学習者は「個」という自分自身の「生命」を社会に差し出し、これが社会秩序の維持装置として機能してきた。これは教育勅語体制下の影響を強く持ち続けた基本的人権に対する理解が現在まで存在していることにその要因だろう。

　「死」のタブー化が改善されることで、「個」と社会の関係性を理解し、社会とかかわっていく基本理論を構築していくことが可能となる。これにより、学習者の主体性や能動性が正常に育成され、管理・統制から脱却し自己実現を可能とする体制が整う。この状態であれば「個」は尊重され、基本的人権が尊重された民主主義社会としても健全な形をなしており、差別

意識を克服していくことができるのではないだろうか。

注
（1）中央教育審議会、「『令和の日本型学校教育』の構築を目指して〜全て
　　の子供たちの可能性を引き出す、個別最適な学びと、協働的な学びの実
　　現〜（答申）」、2021年（https://www.mext.go.jp/b_menu/shingi/chukyo
　　/chukyo3/079/sonota/1412985_00002.htm、2022年7月1日参照）
（2）公益社団法人日本財団、「子どもの権利を保障する法律（仮称：子ども
　　基本法）および制度に関する研究会 提言書」、2020年
　　（https://kodomokihonhou.jp/about/img/teigensho.pdf、2022年7月1日
　　参照）
（3）外務省、「第4回・第5回の日本政府報告に関する質問事項 日本政府
　　回答」2019年、（https://www.mofa.go.jp/mofaj/files/000430028.pdf、2022
　　年7月1日参照）
（4）解説教育六法編集委員会、『解説教育六法2021』、三省堂、pp.124-131、
　　2021年
（5）前掲2
（6）世取山洋介、「子ども期の貧困化に切り込む　子どもの権利委員会最終
　　所見の意義と特徴」、日本子どもを守る会、『子ども白書2019』、かもがわ
　　出版、pp.28-33、2021年
（7）公教育としては就学前教育や高等学校教育や特別支援教育に関しても
　　検討する必要が指摘されよう。筆者は社会の共通基盤となる普遍的な共
　　通の教育を保障する段階が義務教育段階であると考える。そのため本稿
　　では義務教育段階に焦点をあて、その他は後の検討課題としたい。
（8）若槻健、『「排除」に対抗する学校』、『社会教育学研究』96、pp.131-152、
　　2021年
（9）児美川孝一郎、「『令和の日本型学校教育』の構築」とは何をめざして
　　いるのか」、『前衛：日本共産党中央委員会理論政治誌』、pp. 165-177、
　　2021年
　　佐貫浩、「中教審答申「『令和の日本型学校教育』の構築を目指して」
　　（2021年1月26日）を読み解く」、『教育』、pp.95-97、2021年
　　中村文夫、「新型コロナウイルス感染拡大と公教育像の転換」、『公教育
　　計画研究』12、pp.12-28、2022年
（10）児美川孝一郎、「『令和の日本型学校教育』の構築」とは何をめざして
　　いるのか」、『前衛：日本共産党中央委員会理論政治誌』、pp. 165-177、
　　2021年
（11）宮沢俊義、『憲法Ⅱ［新版］』、有斐閣、p.436、1974年
　　奥平康弘、「教育を受ける権利」、芦部信喜編、『憲法Ⅲ』、有斐閣、

pp.372-373、1981年

　樋口陽一ほか、『憲法Ⅱ』、青林書院、pp.173-174、1997年

(12) 兼子仁、『教育法[新版]』、有斐閣、p.231、1978年

(13) 日本教育法学会、『コンメンタール教育基本法』、学陽書房、2021年

(14) 苅谷剛彦、『階層化日本と教育危機—不平等再生産から意欲格差社会へ』、有信堂高文社、2001年

(15) 廣澤明、「第4条　教育の機会均等」、荒巻重人・小川正人・窪田眞二・西原博史編、『新基本法コンメンタール　教育関係法』、日本評論社、pp17-18、2015年

(16) 鈴木祥蔵、『差別を許さぬ保育とは　主体的自己変革者へ』、明石書店、pp.12-13、1990年

(17) 鈴木祥蔵、『幼児教育の理論と制度』、明石書店、pp.172-173、1990年

(18) 広田照幸、「能力にもとづく選抜のあいまいさと恣意性—メリトクラシーは到来していない」、宮寺晃夫編、『再検討　教育の機会平等』、岩波書店、p.247、2011年

(19) 大森直樹・平山瑠子、「研究ノート　安倍政権の十五教育法」、『季刊教育と文化』77、アドバンテージサーバー、2014年

　広瀬義徳、「教育再生実行会議提言の検討—トリクルダウン理論と民営化に依拠するグローバル人材育成を中心に」、『公教育計画研究』6、pp.8-25、2015年

　相庭和彦、「「戦後レジームからの脱却論」に関する批判的考察」、『公教育計画研究』7、pp.25-41、2016年

　相庭和彦、「アジアのグローバル化における「矛盾と葛藤」の教育改革——教育再生会議・教育再生実行会議の「提言」に関する考察」、『公教育計画研究』12、pp.68-87、2022年

(20) 中村文夫、「子どもの貧困と高校再編」、『公教育計画研究』8、pp.8-30、2017年

(21) 酒井朗、「教育における排除と包摂」、『教育社会学研究』96、pp.5-24、2015年

(22) 住友剛、「もう一度「子どもがいまを生きている」現実から出発すること——「新型コロナ禍」以後の学校と教職員の役割を考える」、『公教育計画研究』12、pp.49-65、2022年

(23) 公益財団法人セーブ・ザ・チルドレン・ジャパン「『子どもの声・気持ちをきかせてください！』2020年春・緊急子どもアンケート結果（全体版報告書）」（https://www.savechildren.or.jp/jpnem/jpn/pdf/kodomonokoe202005_report.pdf、2022年7月1日参照）

(24) なお、学校および教職員の多忙化により子どもの思いが見えなくなる可能性は住友（前掲22）が指摘している。子どもの権利保障における重要な課題であると筆者も認識しているため、今後の検討課題としたい。

(25) M.フーコー、『性の歴史Ⅰ　知への意志』、渡辺守章訳、新潮社、1986年

　M.フーコー、『フーコー・コレクション6　生政治・統治』、小林康夫・石田英敬・松浦寿輝編、筑摩書房、2006年

　中山元、『フーコー入門』、筑摩書房、1996年

　重田園江、『ミシェル・フーコー——近代を裏から読む』、筑摩書房、2011年

(26) 山本詩織、『戦後日本の教育における生命観構築の研究：道徳教育を中心にして』、新潟大学大学院、2019年度博士論文

(27) 相庭和彦、「『戦後レジームからの脱却論』に関する批判的考察」、『公教育計画研究』7、pp.25-41、2016年

(28) 宮坂広作、『生涯学習と主体形成』、明石書店、1992年

　宮坂広作、『生涯学習と自己形成』、明石書店、2010年

（公教育計画学会会員・作新学院大学女子短期大学部）

特集1　令和の日本型学校教育と教育労働

統合型校務支援システムの課題と転換

中村　文夫

はじめに

　この小論文の目的は、「統合型校務支援システム」という新たなシステムの定義、目的と現段階の課題を整理し、デジタル教育の構成要素としての今後の転換を、批判的に検討をするものである。先行研究が少ないことから、文部科学省主導のシステムについての基礎的な共通理解を図ることから始める[1]。

統合型校務支援システムの定義

　文部科学省が作成した「統合型校務支援システムの導入のための手引き」(2018年 8 月30日、以下「手引き」) を参考にしてまとめると以下のように定義できる。統合型校務支援システムとは、「教務系 (成績処理、出欠管理、時数管理等)・保健系 (健康診断票、保健室来室管理等)、学籍系 (指導要録等)、学校事務系など統合した機能を有しているシステム」を指し、成績処理等だけでなく、グループウェアの活用による情報共有も含め、広く「校務」と呼ばれる業務全般を実施するために必要となる機能を実装したシステム、となる。羅列されている業務をみると、いわゆる教員が行う教務事務関係が細密であることが分かる。「統合型校務支援システムを導入するメリットは、情報システムの利用により校務における業務負担を軽減できることに加え、情報の一元管理及び共有ができる点にあります。統合型校務支援システムは、広く学校管理を支える情報基盤である」とも記されているが、メリットの主語は教員を想定した学校のイメージであり、それ以外の学校運営・事務管理で働く職員への視点は希薄とみられる。

　業務改善の一事例では、「出張・休暇等の勤怠に係る申請機能を利用した業務の削減・簡素化」として、「出張データは閲覧のためだけのものではあ

りません。そのデータをもとに、出張申請書が自動作成されるようになっていれば、出張者は出張の移動手段、経路、旅費支給の有無などについて情報を付加することで、即座に申請書が完成します。出張業務名や時刻、会場などは一切書く必要はないのです」さらに出張後は、復命書作成に使えるのです」、としている（第Ⅰ部　統合型校務支援システムの 導入・利用に関する手引き第2章基本モデルの定義）。出張命令、出張旅費、復命などの業務の流れは「即座に申請書が完成」するという表現で済むものではない。詳しい分析が必要であるので、後ほど先行的に旅費事務の実証実験を行った茨城県立高校の事例から課題を探ることにする。ここでは定義自体が教務事務に傾いていることを指摘することに止める。

統合型校務支援システムの目的と期待される効果

　このように統合型校務支援システムの偏った「校務」把握が生じた原因はどこにあるのだろうか。それは学校に働く職員全般の多忙化解消ではなく、教員の働き方改革として推進されたことにあるのではないか。それは統合型校務支援システムの導入目的にも現れている。

　「教員の長時間労働を解消し、業務を効率化する手段の一つとして、統合型校務支援システムがあります。これまで統合型校務支援システムを導入した自治体の中には、教員一人当たりの勤務時間を1年間で200時間以上削減したところもあり、教員の多忙化を解消し、教育の質の維持向上を図る観点から、統合型校務支援システムの導入・運用が有効だと考えられます」と手引きに記されている。しかし、当初、その導入・運用は遅々として拡大しなかった。その理由として、小規模自治体ごとに独自の統合型校務システムを構想し運用する労力を割くメリットを設置者は感じられなかったからと思われる。そこで文部科学省は都道府県主導の共同調達・共同運用による導入へと軸足を移した。

　文部科学省ICT環境整備促進実証研究事業に関する調査研究「統合型校務支援システムの共同調達・共同利用ガイドブック」（2020年3月）は「本ガイドブックは平成30年（2018年）度からの2年間の各実証地域の取組を取りまとめたものとなります」、と述べている。

　期待される効果としては、定量的効果と定性的効果とがある。2018年の手引きには、定量的効果として6団体が一覧提示されている。そこでは教

員の時間の短縮はおおよそ一日30分から 1 時間程度である。たとえば、大阪市では「教頭一人あたり/年：229.8時間（ 1 日平均57分）、教員一人あたり/年：224.1時間（ 1 日平均56分）とされ、効果測定の前提として、名簿・出席簿、日々の成績処理、学期末の成績、通知表、指導要録、保健管理、グループウェア、その他（日誌/週案）である。また愛媛県西条市では2016年に教員 1 人あたり/年の全校平均で114.2時間短縮とされている。しかし大体、実質的な総労働時間がどの程度であり、その中で測定した個別業務について全体のなかでの位置づけが不明なことから、定量的な効果としては厳密ではない。

　そこで、ここで先にあげた公務出張に伴う事務処理の機械化について具体的な事例として検討をする。茨城県は、大井川和彦知事のトップダウンの施策として、2018年度に定型的な業務をパソコンに組み込んだソフトウェアにより自動化して、業務の効率化を図る実証実験を行った。Robotic Process Automation（RPA）の実証実験は 3 か月間、 4 業務で実施された。その一つが「県立学校抽出1校の旅費申請代理業務」である。旅費とは校長に命じられた公務出張に伴う経費の実費弁償である。そのため請求は旅行者本人が証拠となる資料を添えて請求するのが原則である。しかし、多くの学校現場ではその趣旨に反して、旅行者本人が旅費請求することはなく、学校事務職員が代理請求を行っているという不思議な慣行がまかり通っている。そのため茨城県のRPAにおいても「旅費申請代理業務」という名称になっている。具体的にはエクセルによって作成された出張復命情報を旅費システムに入力する作業である。入力後の最終確認、最終登録後業務は従前のままである。実証実験の結果は、年換算で計3201時間かかるところを2768時間（87％）削減できたとの報告があり、旅費業務だけを考えると 1 週間かかる業務がたったの 3 時間で終わったと、担当課長が語ったとの発言も伝わっている。実証実験から年換算で人件費約550万円の削減効果になり、類似する40業務に拡大した場合、年間最大で約 4 万 6 千時間、人件費約8700万円の削減効果が見込める、とされた。高校事務職員が危惧するのは「入力時間の短縮につながっても、確認作業等はロボット導入後に逆に増えることが予想されます。つまり、一部分の作業は短縮されても、それにより、別な部分での作業が増えることが予想されます。特に、作業量が多くなればなるほど増える可能性があります」[2]。学校事務職員の危惧の

ように、一部分の作業は短縮されても、それにより、別な部分での作業が増えることがおうおうにしてある。RPAの手法は茨城県だけが構想しているわけではなく、たとえば、「はんこレス、ペーパーレス、キャッシュレス」を掲げる東京都「都政改革本部会議」でも、総務事務改革の一つとして2019年度からのRPAの順次導入が計画されていた。定型作業は自動化される。定量的効果は茨城県の旅費申請代行事務への実証実験に見るように、一部分の作業短縮から推定される合理化により関連した他の作業の増大を導くことは、表面化しにくい。数値化された効果により、それは人件費削減として換算されてきた日本の労務管理により、学校、教育委員会職員の疲弊が増大する構図がみえる。しかも、デジタル化において導入経費だけではなく、メンテナンス、機種更新、セキュリティ経費などの経常経費が積算比較されているのか疑念が残る。

　定性的効果として、1 児童生徒に関する効果、2 教職員に関する効果、3 外部（保護者等）に関する効果、の3点があげられている。1に関しては、学習指導の質の向上、生活指導の質に関する向上を挙げ、これらの情報を電子化し、権限設定した範囲（例えば、管理職、教務主任、担任等の職に応じて閲覧できる情報の範囲を限定する）での情報の共有、活用が可能となる。学習指導の質の向上のために、児童生徒の成績データの入力、解析、個々人の指導という枠組みをつくる。生徒指導の質の向上のためにでは、児童生徒の出欠等をデータとして入力、解析、個々人への指導である。「休みがちな生徒に対して早期の対応が可能」とアンケートに基づいた具体的な効果をあげている。しかし、従来は普段の様子を頭に入れて、欠席した児童生徒へは即時の対応をしてきたはずである。

　2に関しての教職員に関連する効果は、コミュニケーションの向上、業務の質の向上（品質、スピード、平準化）、教員の異動への対応、セキュリティの向上を挙げている。業務の質の向上として、学校へのアンケートから効果の具体例として示されているのは、「同一方法で作業を進めることで、作業の確実性が高まった」「成績の転記作業は出欠席時数のカウントが不必要になったため、転記ミスや作業時間が減少した」「朝の全体打ち合わせの時間が短縮され、教員個々の教材準備の時間を確保することができるようになった」などである。しかし、電子化された情報は、権限設定した範囲の教職員しか閲覧できないのであるから、コミュニケーションの質は階層

化された限定情報の範囲でのことと留意しなければならない。そこに生じる同僚性は上位下達のピラミッド構造の別の謂いである。3 に関連する効果として、通知表等への記載内容の充実として日常を書きとめ、引き継ぐことが容易になり、「通知表等で保護者に向けて記載する所見の情報が充実し、保護者にも喜んでいただけます」としている。「外部対応の充実としてメールや連絡網を利用した情報発信により、保護者からの問い合わせが減る。保護者とのコミュニケーション、対応の情報を記録し教員間で情報を共有しやすく」なったと、アンケートからの具体的効果が示されている。アンケートは教員からの一方通行の視点である。いじめなどの児童生徒間や教員による「生徒指導」によるパワハラが、これによって抑制されるというデータは示されていない。

統合型校務支援システムの構想と経過

　統合型校務支援システムがどのようにして構想され、財政措置を含めてシステムが実態化してきたのか、以下に概観する。

　2011年 4 月 28 日、文部科学省「教育のビジョン〜21 世紀にふさわしい学びと学校の創造を目指して〜」第 5 章 校務の情報化の在り方において、すでに「文部科学省の先導的教育情報化推進プログラムの一環として熊本県教育委員会が開発した校務支援システム、あるいは国立情報学研究所が開発した次世代情報共有基盤システム（Net Commons）、その他市販のソフトなどがある」。さらには、韓国では、既に全国すべての学校において、全国教育行政情報システム（NEIS/National Educational Information System）が整備されていると例示されていた。これらを踏まえて教育のビジョンが構想した「校務支援システムの機能の例」として 5 項目、すなわち校務文書（通知表、指導要録、学籍、成績、保健、図書等の情報）、教職員間の情報共有（校内、教育委員会での指導計画や指導案等の共有）、家庭や地域への情報発信（学校ウエブサイト）、服務（休暇、出張等の教職員の服務について、電子申請と電子決済を行うことができる）、施設管理（施設や備品の予約等をシステム上で行うことができる）をあげた。それは校務の情報化として総合的な構想であった。そのバランスが崩れたのは、教員の多忙化解消を導入の口実にした2016年の「2020年代に向けた教育の情報化に関する懇談会」からではないかと思える。そこでは教務事務への重点化が始ま

り、施設管理などが削除されている。

　2013年6月14日、閣議決定「第2次教育振興基本計画」には自治体等に対して無線LANなど学校のICT環境整備を促している。目標には教育用PC一台当たりの児童生徒数3.6人、超高速インターネット接続率及び無線LAN整備率100％など。その後、コロナウイルス感染拡大に伴う対処としてはじまったGIGAスクール構想において児童生徒一人一台に拡大した。

　2014年文部科学省調査「学校における情報化の実態に関する調査」によれば、都道府県レベル平均6.4人/台であるときに、唯一佐賀県だけが目標値3.6人/台をこえた2.6人/台を実現していた。先進的な佐賀県ではそれだけ矛盾も先行的に露呈した。後述するように17歳の少年が高校生データ21万件を、県立高校のサーバにハッキングして盗み出し、不正アクセス禁止法違反容疑で警視庁に逮捕されるという事件が2016年6月に起きた[3]。佐賀県が構築した教育情報サービスの脆弱性が明らかになったのであった。報じられたなかで、注目しなければならないところは、無線LANが甘かったとされるところである。無線LANは電子情報を無線で飛ばすために、有線、つまりLANケーブルによるアクセスに比して設備がかからないが情報漏洩の危険性も高い。全国に広げた統合型校務支援システムも無線LANが多用されている。情報化に堪能な教職員であってもエンドユーザーとしてのそれであり、意図的なハッキングなどに対しては情報セキュリティの専門技術者が対処するしかない、のである。

　2015年5月14日、教育再生実行会議第7次提言「これからの時代に求められる資質・能力と、それを培う教育、教師の在り方について」においては、たとえば一人一台タブレットPC、電子黒板などの大型提示装置、無線LANの整備などのICT活用として教材作成とともに、成績処理等の教職業務等の効率化も推進する、とされている。情報化を含む機械化である。

　2015年10月5日、文部科学省通知「教育情報化の推進に対応した教育環境の整備充実のための地方財政措置について」において、第2期教育振興基本計画で目標とされた水準を達成するための必要な所要額の措置が要請された。「教育のIT化に向けた環境整備4か年計画（平成26年～平成29年度）」に基づき、2014年度まで単年度約1678億円（4年間総額約6712億円）の地方財政措置が講じられた。通知では、自治体の教育大綱に整備計画を位置づけるなどして、財政措置の積極的な活用を求めた。

　2016年１月25日、産業競争力会議決定「成長戦略の進化のための今後の検討方針」には「新たな時代の要請に対応した教育の実践と、それに対応できる教員の資質向上や、雑務からの解放や事務の効率化等のために優先的に時間を使える環境の整備、外部人材・民間ノウハウの活用、外部との連携協働のための体制整備、IT環境整備の徹底等、教育の質の向上を図るための改革を進めるための具体的な検討を進める」、と記された。

　2016年４月８日、文部科学省「2020年代に向けた教育の情報化に関する懇談会」中間とりまとめでは、今後の方針として統合型校務支援システムの普及推進と導入に向けた業務改善の促進が挙げられている。そこではシステムの対象となる業務範囲の明確化と学校、自治体ごとに異なる業務の流れや書類の様式の見直しを求め、データの安全な管理と情報セキュリティの考え方の確立にも言及していた。

　しかし、データの安全管理と情報セキュリティは万全でないことが明らかになった。私は「17歳の警告─統合型校務支援システム」において、17歳の少年が2016年６月27日に、佐賀県の教育情報サービス「SEI-Net」と県立高校の校内サーバに不正アクセスし、生徒の個人情報21万件を盗んだとして警視庁に逮捕された事件を取り上げている[4]。文部科学省はさっそく点検と対策の確認を求める通知を出した。少年による不正アクセス犯罪は、佐賀県教育委員会や学校現場を被害者にしただけではなく、県教育委員会等を、個人情報を流出された生徒、保護者等への加害者にもしたのである。USBメモリーを紛失した教職員は処分されている。だが、システムによる個人情報の大規模流出に対する管理責任、加害者性の重大さはあまり認識されてはいない。これまで学校の校長室等の耐火書庫で個別分散保管されてきた児童生徒の個人情報が広範囲な利活用のために統合型データとして「連携」される危険性の認識は不十分であると思える。米国防省ではセキュリティテストを実施し、ハッキングした高校生を表彰し、その力量を役立てようとする姿勢さえアメリカではみせている[5]。

　2016年７月29日、文部科学省「教育の情報化加速プラン」では地域間格差が顕著になっている授業・校務両面でのICT環境整備の全国的な加速化に向けた方策も掲げ、主な施策８項目の一つに「統合型校務支援システムの普及推進」が挙げられていた。

　2017年３月１日、文部科学省「学校における教育の情報化の実態等に関

する調査結果〔確定値〕（平成28年度）」によれば、統合型校務支援システムの整備率は学校全体の48.7％に留まっていた。

　2017年6月1日、教育再生実行会議第10次提言において、学校事務の効率化等の項目に「統合型校務支援システムの導入による校務のICT化（校務シェアボードの導入やペーパーレス化等）の推進」が提言されている。

　2017年12月26日、「学校における教育の情報化の実態等に関する調査結果（平成28年度）〔速報値〕及び平成30年度以降の学校におけるICT環境の整備方針について（通知）」が出され、「学校におけるICT環境の整備について（教育のICT化に向けた環境整備5か年計画（2018〜2022年度））」では2022年度までに統合型校務支援システムの整備率100％目標を設定。2018〜2022年度まで単年度1805億円の地方財政措置を講じる。2018年2月15日、文部科学省事務連絡「平成30年度文教関係地方財政措置予定（主要事項）及び文教関係東日本大震災関連の財政措置の状況について」でも同様の言及がある。

　2018年3月8日、第3期教育振興基本計画（答申）の校務ICT化による教職員の業務負担軽減及び教育の質の向上に関して、「効果的な統合型校務支援システムの整備を図るため、調達コスト及び運用コスト抑制に向け、都道府県単位での共同調達・運用を促進する」。「統合型校務システムを発展させ、成績、出欠又は学籍に関する情報等の校務情報を、学習記録データ（学習成果物等の授業・学習の記録）と有効につなげ、学びを可視化することを通じ、教師による学習指導や生徒指導等の質の向上、学級・学校運営の改善等に資するための実証研究を推進し、成果の普及に関係府省が連携して取り組む」、と記している。

　2018年8月30日、文部科学省「統合型支援システムの導入のための手引き」には「都道府県が中心となり、都道府県域の市区町村と連携した統合型校務支援システムの共同調達・共同利用を推進することが有効な手段です」、と導入手法に触れていた。

　2019年1月、中教審「新しい時代の教育に向けた持続可能な学校指導・運営体制の構築のための「学校における働き方改革に関する総合的な方策について（答申）」」において、言及。

　2019年文部科学省「平成30年度学校における教育の情報化の実態等に関する調査結果（概要）」において全国の公立学校の整備率は57.5％（2019年

3月現在）。

2019年12月、中教審「新しい時代の初等中等教育の在り方論点とりまとめ」第4章（5）に統合型校務支援システムは都道府県単位での共同調達・共同運用などさらなる導入促進を図るともに個別の学習計画等の充実や学校現場で用いられる帳票等の標準化、学校が保有する情報のデジタル化の推進と学校や教育委員会、関係機関間での適切な情報共有・活用などを積極的に進めるべきである、と記している。

2020年3月、文部科学省学校ICT環境整備促進実証研究事業に関する調査研究「統合型校務支援システムの共同調達・共同利用ガイドブック」の「はじめに」において、100％整備目標にもかかわらず、「2019年3月現在時点での整備率は、学校全体の約半分に留まっており、規模の小さな市区町村では導入が進んでいない等、地域差も見られます」。そこから下記のように共同調達・共同運用方策を強く打ちだした。実証事業は岐阜県、奈良県、高知県、長崎県の4地域。「共同調達プロセスの整理」「運用・支援の整理」「効果測定手法及び結果の整理」に分けての記述である。

ガイドブックは効用を、「統合型校務支援システムに登録された各種情報は蓄積されていくため、児童生徒の名簿情報を入学時に一度入力すると、出席簿の作成、成績表等の作成、指導要録の作成と、それぞれのタイミングで必要となる情報を付加するだけで、各種書類を作成できる（情報を再入力する必要がない）ことが、統合型校務支援システムを導入することで得られる大きなメリットです。また、児童生徒の進級と共に学年横断的に蓄積されていくデータを活用することで、調査書等の各種書類の作成を効率的に行うことができます」、と効果を羅列した。なお、ガイドブックの作成を委託されたのは株式会社内田洋行教育総合研究所。事業推進委員は8名、その中には複数名の民間会社の肩書をもつ委員が含まれる。統合型支援システムは教材メーカーやIT企業などの参画によってしか具体化できないことが分かる。

2021年6月に閣議決定された「デジタル社会の実現に向けた重点計画」において作成されることが決まった「教育データ利活用ロードマップ」は、デジタル教育が次の段階に向かっていることを示した。

2021年8月、文部科学省調査では整備率は都道府県平均72.3％、最高は徳島県96.3％、最低は宮崎県21.7％。共同調達・共同運用でも地域間格差は

是正されていない。導入後は機種更新が定期的に生じ、財政的な圧迫が恒常化する。

　2022年1月7日、「教育データ利活用ロードマップ」では、2025年度までの教育データの利活用のロードマップが示されている。そのロードマップには文部科学省所管で「公教育データ・プラットフォームについて」予算計上していることも記されていた。それを発表した7日の牧島かれんデジタル大臣の記者会見は、国が学習履歴など個人の教育データを一元化する、と受け止められた。この反響に驚いて同月11日に国が一元的に情報管理するデータベースを構築することは考えていないとデジタル大臣は弁明した。そしてデジタル庁は「教育データ利活用に関するQ＆A」で個人の教育情報データを一元管理することは全く考えていない、と強調し、火消しに走っている。さらにデジタル庁分野統括の職に就いている中室牧子（慶応義塾大学総合政策部教授）は報道の誤解を解くとして、「「教育データの利活用」は本当に「地獄への道」なのか？」を2022年2月28日「DIAMONDO ONLINE」に投稿するという素早い対応を取った（中室のnote記事『目下、話題の「政府、教育データを一元化」について』の転載）。中室は、そもそも「一元化」ではなく「標準化」と「データ連携」であることを強調している。素早い対応である分、そこがアキレス腱であることをうかがわせる。「連携」という言葉は明確ではない。

　「教育データ利活用ロードマップ」には、統合型校務支援システムとの関連では、統合型という表記は使われていない。単に「校務のデジタル化」として記され、校務系と学習系データ連携が実施されているのは4.2%などという課題を示し、校務系データと学習系データの連携のあり方の整理など2022年度中に検討（GIGAスクール構想の下での校務の情報化の在り方に関する専門家会議、2021年12月立ち上げ）し、必要な施策を行うと記されている。統合型校務支援システムは、自治体の校務合理化を名目とする段階から次の段階へと、すなわち中室がことさらにこだわる言い方に従えば国レベルでの「一元化ではなく、標準化とデータ連携」にバージョンアップする段階にきているのである。

統合型校務支援システムの課題と転換

　統合型校務支援システムは、教員の多忙化解消の一環としての業務の機械化である。教育課程の編成権は、学校（校長）にある。編成に伴う帳票類も学校ごとに相違しても差し支えない。学校の教育課程の編成権が形がい化すると同様に帳票類の統一も進められる。教員の多忙化が社会的に焦点とされる中で、その解消を名目とした教員の「働き方改革/働かせ方改革」が、すなわち二本の柱、一つの柱は教員業務の限定と多種多様な非正規職員の雇用、外部委託化であるが、もう一つの柱として校務の機械化も強力に推進されてきた⁽⁶⁾。そして、校務の統合は学校を越えた設置者である市区町村単位による機械化として始まり、その統合が遅々として進まないと見るや途中から都道府県レベルにアップして2022年度100％を目指して実施されてきた。2021年3月段階で都道府県の3/4で実施されている。こうしているうちに端末等の更新時期が来る。そして推進の目的が単に教員の多忙化解消だけではなく、それ以上の意図があることが明らかになってきた。統合型校務支援システムは文部科学省主導による教育のデジタル化の礎となっているのである。国主導の教育のデジタル化に必須なのは児童生徒情報の蓄積であり、それは「教育データの標準」のもとに実施されようとしている。児童生徒情報の蓄積は、ここでテーマとする統合型校務支援システムによって情報基盤が築かれてきたのである。教員の働き方/働かせ方改革として打ち出された統合型校務支援システムのもう一つのねらいがデジタル教育の必須要素である児童生徒等の情報の蓄積である構図が見えてきたのである。そもそも教員の多忙化解消という政策自体のねらいが、単なる多忙の軽減ではなく、教授労働を中心とする学校教育体制の再編成にあることは、かねてから指摘してきたとおりである⁽⁷⁾。それは教員、教員以外の学校職員の多種多様な任用、服務による「チーム学校」政策の延長にあるものであった⁽⁸⁾。働き方改革は定数配置計画を伴う「働かせ方改革」として把握する必要がある。統合型校務支援システムの導入と定着は、文部科学省のもう一つの意図を隠して「教員の働き方改革」として押し出したイメージ戦略の勝利である。そして、児童生徒の情報だけではなく、2022年7月より教員の研修記録の義務化が始まる。

　デジタル教育は、三つの要素から成り立つ。一つは学習指導要領に沿った主たる教材である教科書（2024年にデジタル化本格導入）だけではなく、

補助教材も含めた学習内容のデジタル化。二つは学習状況、成績、生活態度などの児童生徒の個人情報の蓄積。そして、個人情報の集積は教職員に及ぶ。2021年に表面化したのは、教員免許更新制の廃止に代わって教員研修履歴の都道府県単位での一元管理である。三つにそれを児童生徒ごとに個別最適化したマッチングをさせることである。それは教授労働の解析を介して、人間ではなくAIでも可能とみなされる。やがて教員の専門性は無化され、人間労働から機械へ転換するための最初の一歩である。 2021年1月26日、中央教育審議会答申「「令和の日本型学校教育」の構築を目指して〜全ての子供たちの可能性を引き出す、個別最適な学びと協働的な学びの実現〜」はそのように読める。近代学校教育は前代の寺子屋にみられる個人教授から一斉授業への転換に画期性があった。

　学校という物理的な空間は必須ではなくなるかもしれない。遠隔オンライン教育については、新型コロナウイルス感染拡大の中でなし崩し的に大規模実証実験が「GIGAスクール構想」として行われているのである。地域・家庭環境の相違による教育格差を是正してきた公立義務制諸学校という枠組みが、今や新自由主義的な教育の推進の桎梏とさえなっている。統合型校務支援システムは、その情報基盤として早期に導入されてきたものである、と結論ができる。さらにはマイナンバカードにひもづけられる（データ連携）ことで、国民管理として長く批判されてき国民総背番制への「小国民」からの先行実施に道を拓くことになることを、私は恐れる。学びで変容する生身の子どもを大事にする代わりに、統合したデータの数値が本人のコントロールの及ばないところで評価され、使いまわされる事態が生じないかとの不安は払しょくできない。それは教職員も同様である。また、セキュリティ面からみても、解けない暗号化や匿名化はないと断言できない以上は、使い勝手は悪くても統合ではなく、個別番号による分散処理が望ましいと考える。

　注
（1） 子どもは在宅学習、教職員は在宅勤務、学校などカネのかかる施設は廃校。後は意識高い系都市中産階級が行う子ども投資に比して子どもの将来が決まる、自己責任の「公」教育。少なくとも教育機会の平等を曲りなりにも維持してきた日本の学校制度が改廃されるとの予感のなかで執筆した。

（2）秋田剛「働き方改革とロボット導入」『学校事務』2019年1月号。橋本雄一「茨城県で行われたロボットによる業務自動化の実証実験」『学校事務』2019年9月号。

（3）佐賀新聞「県立中高9校が被害　佐賀県教委、1万人分まで確認」2016年6月28日。佐賀新聞「成績管理システム、21万件不正入手　佐賀の少年再逮捕」同年6月28日。朝日新聞「佐賀県教育庁、対策せず？情報流出把握後も不正接続」同年6月28日。ニュースサイトHUNTER「情報流出の佐賀県教育情報システム　業者選定で不正の疑い」同年6月28日。ビジネス+IT「佐賀県の教育情報流出、最先端システムでも「無線LAN」が甘かった」同年7月14日。

（4）中村文夫「17歳の警告—統合型校務支援システム」『学校事務』2016年10月号

（5）J-CASTニュース「高校生データ21万件盗む　佐賀の17歳ハッカーに称賛相次ぐ」2016年6月27日

（6）中村文夫『学校事務クロニクル』第5章　学事出版、2020年

（7）中村文夫『アフター・コロナの学校の条件』第2章「教育情報化は「魔法の杖」か」岩波書店、2021年

（8）中村文夫「多様な職種で成り立つ学校現場」『都市問題』2019年6月号

（公教育計画学会会員　教育行財政研究所主宰）

特集２：給特法と教育労働

特集2　給特法と教育労働

給特法と教育労働を考える

池田　賢市

はじめに

　いま「教員不足」が深刻だと言われている。その理由のひとつに、教員の過酷な働き方があるとも言われる [1]。教員には「残業代」が支払われないといったことも、昨今のマスコミ報道等によってようやく世間に知られるようになってきた [2]。

　そして、この状況を改善するために、「働き方改革」が盛んに求められ、ついに法改正に至った。もちろん、「働き方」に関しては、教員ばかりの問題ではない。「過労死」報道にみるように、学校でも一般企業でも、日本社会全体の重大な問題として認識されてきている。ワークライフバランスという言葉も、常識のように語られている。

　では、どんな改革がこの状況を変えうるのか。たとえば、ICカードによる出退勤管理などによって労働環境を改善しようとする動きがある。勤務時間管理は、労働問題の大前提ではある。しかし、改革すべきは、本当に「時間」なのか。何時間働くのか、どのように働くのか、さまざまな法令によって厳しく管理されていくことで、不当な労働環境から人々を救うことができるというのが、現在の「改革」に期待されていることである。これをすぐに否定することはできないが、教職にとってのこのような「改革」は、教育における権利や自由の侵害へと結びつく危険性もある。この点が指摘されておく必要もあるのではないか。そもそも「働き方」とは、「時間(の長短)」のことだったのか。「働き方改革」は必要だとしても、それがいつの間にか「時間の問題」にすり替えられているのではないか。両者を切り離しておく必要があるのではないか。

1 教員の健康が心配なのではない?!

　文部科学省は、2017年に学校における働き方改革に関する総合的な方策について中央教育審議会に諮問、2019年1月、「新しい時代の教育に向けた持続可能な学校指導・運営体制の構築のための学校における働き方改革に関する総合的な方策について（答申）」がまとめられた。そして、その年の3月18日付で、事務次官通知「学校における働き方改革に関する取組の徹底について」が出された[3]。

　この通知の中では、「働き方改革」の目的が次のように語られている。

　　　教師が我が国の学校教育の蓄積と向かい合って自らの授業を磨くとともに日々の生活の質や教職人生を豊かにすることで、自らの人間性や創造性を高め、子供たちに対して効果的な教育活動を行うことができるようになることです。

　これと似たような発想は、2022年4月6日付の東京新聞で紹介された「先生にも働き方改革」という記事のリード文にもあった。そこでは、「部活動は楽しい反面、指導する先生たちの負担になっています。疲れがたまって良い授業ができなくなると心配の声も。」と書かれている。

　要するに、実質的な休憩時間も取れないような、昼食も3分以内（しかも連続して食べられるのは30秒に満たないような状況）で食べなくてはならないような、そんな厳しい働き方によって教員の心身の健康が危機的状況になっていることを人権侵害として（少なくともその状況を心配して）問題にしているわけではないのである。教員が疲労していたのでは教育活動が効果的にできないから「改革」が必要だ、とされているのである。あくまでも効果的・効率的な業務遂行が課題なのである。公務員への行政としての対応なのだから、形式的には、このような課題設定でよいのだとする議論は成り立つだろうが、労働者としての権利論を欠いたまま「改革」論議が続いていけば、いつまで経っても教員は、自らの労働における自律性を取り戻せないだろう。

　この点の心配は、通知の中での次の記述からも読み取れる。

　　　特に、服務監督権者である教育委員会においては、（中略）域内の学校に

おける働き方改革に係る方針・計画等を示し、自ら学校現場に課している業務負担を見直すこと。また、学校及び教師が担う業務の明確化・適正化に当たっては、文部科学省は（中略）何が教師本来の役割であるかのメッセージを社会全体に対して発信していくこととしており、服務監督権者である教育委員会においては、こうしたメッセージも活用しながら、地域社会と学校の連携の起点・つなぎ役として前面に立って、所管の学校において何を重視し、どのように時間配分を行うかについて地域社会に理解されるような取組を積極的に行い、学校に課されている過度な負担を軽減することに尽力することが求められること。

　ここにはいろいろなことが書かれているが、いずれにしても、「改革」の内容が学校現場から立ち現れてくることは想定されていない。文部科学省と教育委員会が、学校や教員が担う業務（何を重視するかなど）を決定し、文部科学省が教員の本来の役割を社会全体に説明してくれるらしい。

2 「時間」の問題なのか
　2016年の文部科学省による「教員勤務実態調査」によって、教員の過酷な「働き方」が世間に知られるようになった[4]。
　たとえば、定められている勤務開始・終了時間は8:15〜16:45であるにもかかわらず、実態（平均）としては、小学校で7:30〜19:01、中学校で7:27〜19:19とかなりのずれが確認されている。一週間の学内総勤務時間も、小学校で「55〜60時間未満」の者が最も多く、中学校では「60〜65時間未満」の者が多くなっている（当然、自宅に持ち帰っての仕事がこれに加わる）。その他、教員の業務内容が細かく列挙され[5]、それぞれにどれくらいの時間が費やされているかが明らかにされている。
　すでに過労死ラインを越える教員が多くいる中で、どうすれば勤務時間を短くできるのか。当然、業務内容の精選が求められ、先の通知でも、「学校以外で業務を担う受皿」の整備が掲げられている。これに対しては、まずは教員の数を増やすことで多忙化解消（つまりは働き方改革）につなげていけるのではないかとする主張もある。しかし、いまのまま、権利論を中心に据えずに単純に教員数を増やせば、過酷な労働を強いられる教員の数がその分だけ増える、といった皮肉な結果になりかねない。教員の仕事

は役割分担できるものなのか、仮に分担できたとしても、それで負担が減るような性質のものなのかどうか、単純計算はできない[6]。

　この「業務の受け皿」という発想で急速に具体化し始めているものとして、部活動の「地域移行」がある。これについては、スポーツ庁の有識者会議が議論し、2022年6月に「運動部活動の地域移行に関する検討会議提言」が取りまとめられた。中学校教員の土日の部活動指導（平均約2時間）は10年前に比較し倍増しており、地域のスポーツクラブなどに段階的に移行していくなど、なんらかの方策が必要なことは確かであろうと思われる[7]。

　勤務時間が長くなるにつれて、メンタルヘルスの状態が悪化していくことは明らかであり、その点では、このように勤務時間の短縮(業務の精選)に向けた政策は必要となる。しかしながら、「働き方」を「時間」の問題にスライドさせていいかどうか。

　いま、いわゆる「校務支援システム」といった形で、ICTの活用が盛んに喧伝され、多くの自治体で導入されてもいる。公務の処理の効率化、情報発信・共有の推進などを通して、教員の業務負担を軽減して、その分余裕が生まれる時間を児童・生徒と向き合う時間に活用できるという謳い文句である。

　ICT等さまざまな機器やシステムの導入によって仕事が「楽になる」（労働時間が短縮でき余裕が生まれる）といったイメージは、あらゆる仕事の世界に流布しているが、それが「錯覚」であることはすぐにわかる。なぜなら、労働内容や時間は、仕事で用いるツールによって決まっているのではなく、契約によっているからである。もし、パソコン等によって、ある作業をするのにこれまでの半分の時間で済んだとすれば、「じゃ、これもやってくれる?」と次の仕事が降ってくるに決まっている。早く終わったのだから早く帰れる、あるいはその時間を自分の自由に使えるなどと本気で考えている人がいるだろうか。「このシステムを使えば、書類への記載ミスも防げるし、作成時間も短縮できます」という宣伝に乗る前に、そもそもその書類の作成は必要なのかということを問わない限り、「便利」になればなるほど、仕事は増えていく。教員の仕事とは何か、その仕事の特徴はどのようなものなのか、そこが「改革」の対象になっていかないと状況は変わらない[8]。

3　変形労働時間制の不都合さ

　しかし、あくまでも「時間」の問題として「改革」が発想され、ついに給特法が2019年に改正、2021年度から自治体単位で「１年単位の変形労働時間制」が導入可能となった。この制度は、業務量の少ない「閑散期」の労働時間の一部を、業務量の多い「繁忙期」に付け替える(年間の総合時間は維持される)、というものである。たとえば、繁忙期には１日の労働時間を10時間にし、その代わり、閑散期には６時間とするといったものである。つまり、繁忙期には１日10時間が正規の労働時間となるため、８時間を超えた分は残業であるという考え方はなくなる。どう考えても使用者に都合のよい制度である。これを、教員にも適用しようとするわけである。

　しかしながら、教員の実際の仕事に「繁忙期」「閑散期」という考え方が当てはまるかどうか。あえて言えば、年中「繁忙期」である。8月の夏休みの期間を「閑散期」ととらえて、その分の時間を他の月に振り分けるということが考えられているようだが、夏休み中、教員は暇なわけではない。早く帰れているわけでもない。プールの指導、飼育小屋の世話、部活動、日直、補習(夏季学習)の指導、校外学習など、業務を数え上げればきりがない[9]。

　この「変形労働時間制」は、あらかじめ「閑散期」等が見込めることが導入の前提となる。しかし、教職においてはこの前提を欠くため、制度の導入は無理である。休業日以外の期間の正規労働時間が延長されるだけであり、長時間労働への対策にはならない。ますます多忙化していくにもかかわらず、それは「正規」の時間内なのだから問題がないということになっていく。

　このように、この制度に対しては、現状とのミスマッチ、エビデンスの欠如等を理由に批判していくことはすぐにできる。では、逆に、このような「変形労働時間制」が導入可能なような「働き方」に変えていくべきだと考えてみるとどうなるか。この制度を導入するということは、繁忙か閑散かの予測が立つような業務内容にせよ、ということだと理解して、教員の仕事のすべてを「予測可能なもの」にしていくわけである。

　こう考えるということは、何を意味することになるのか。それは、子どもたちと向き合うことはしない、ということである。子どもの活動は予測不可能である。いつ、何が必要になるのか、まったくわからない。仮に予

定を立てたところで、すぐに役立たなくなる[10]。家庭との連絡も、計画的に設定することは難しい。突然、何が起こるかわからない。しかし、これに対応していたのでは、いつ忙しくなり、いつ暇になるのか、予測が立たない。繁・閑を確定していくには、子どもや家庭を無視して教育活動を行っていくしかない。

　ところが、現政権は、このような「予測不可能」が大好きである。「Society5.0」でも盛んに言われているように、「今後は予測不可能な社会」になっていくのだから、それに対応できる力を付けなくてはならないらしい。ここで、予測不可能な社会になると予測してしまっていることは措くとしても、予測できないのに、そのような社会で必要な「力」がなぜわかるのか。つまり、「予測不可能」と宣言することの意味は、改革と称して何をやってもよい、ということである。予測できないのだから、「何でもあり」である。政策を立案する側にとってはとても都合がよい発想である。これが現在の教育政策の基盤となっている。

　教育現場はどこも「予測不可能」なので、確かに「何でもあり」である。教員は、何でも引き受けている。その観点からすると、今回の「変形労働時間制」は、逆に「予測せよ」と言っているのである。つまり、何でも引き受けるような働き方はしなくてよいと言っているのである。もちろん皮肉だが、このメッセージを活かさないのはもったいない。

4　野球の例から考えてみる

　ここで、まったく異なる分野を参考に考えてみたい。

　プロ野球の試合時間が長すぎるのではないか（現在の平均は 3 時間20分程度、それでも1980年代に比べれば短縮されている）との議論はかねてよりあった。時間を短縮させるために、試合のさまざまな場面で、時間を短くするように促す施策がとられてきた。しかし、劇的に短縮されることはなかった。むしろ、時間にせかされる（時間を気にする）ことで、本来の面白さにマイナスの影響さえ与えた。ところが、1990年代に、ある一つのことを改革したことで、あっという間に試合時間は短くなった。それは、ストライクゾーンを広くしたのである（ほぼボール一つ分低めに広げた）。このこと自体は「時間」に直接かかわる部分ではない。しかし、これによりヒットの数が減ったのである。ヒットが出なければ、当然、試合時間は

短くなる。それでいて、野球のもつ独特の性質は失われていない。

　野球というスポーツ（のルール）は、その性質上、そもそもある程度の時間がかかってしまう。攻撃の機会を平等に保障しようとすれば、どうしてもそうなる。多様な作戦のあり方を考えれば、時間短縮には限界もある。一方で、長い時間、しかも連日の試合日程の下では、選手の健康維持も大きな課題となってくる[(11)]。そこで、改革が必要だということになる。

　ここからわかることは、次のことである。その活動の性質を検討することよりも、その活動を要素に分解し、それぞれに要する時間を短縮しようとしても、目標は達成できないということである。改革すべきことのひとつが「時間」であることは確かなのだが、そこに至るまでに、その活動(=教育)自体が持つ性質と働く人々(=教員)の権利が認識され、それが阻害されていないかどうかが吟味されなくてはならない。いまの業務内容をすべてリストアップし、それぞれにどれくらいの時間を要しているかをカウントしてみても無駄である(注5を参照)。一つひとつに係る時間を少しずつ短くしていけばよいというものではない。教育という仕事は、要素の足し算ではとらえられない。どんな要素に分解できるかも、一律に設定することはできない。単純に削減できるものも限られている。では、教員にとって、ストライクゾーンの改革に相当するような「働き方改革」とは、どのようなものなのか。

5　教員の「働き方」を見直すとは

　「時間」を削減したいのなら、そして、子どもを無視してはならないのだとすれば、教育という行為にはどうしても一定の時間が必要になる、というところからスタートすべきである。これを踏まえれば、まずは、さまざまな書類の作成を大幅になくしていくことが必要になるだろう。種々の記録の保存に係わる書類を（学校が公金で運営されていることを考えればなおさら）すべてなくすというわけにはいかない。しかし、何のための記録や報告なのか、その必要性の是非を教員が自律的に考え、厳選していくことが求められる。その結果として、たとえば通知表をなくすということもありうる。法的に作成義務はなく、仮に作成するとしてもその方法等は各学校にまかされているのだから。

　また、書類作成あるいはその他のさまざまな業務は、子どもに関するこ

とも含め、現在は、最終的には「評価（および評定）」行為と結びついている。子どもの学習状況について、どこまでの評価活動が求められるのか、教員への評価はどこまで必要なのか[12]。評価をしているということの証拠づくりのための書類づくり(評価のための評価)になっていないかどうか。とくに、PDCAサイクルなどという、規格品を大量に製造する工場での品質管理の要領で教育行為を管理しようとする（それによって質が確保されるといった）誤った、見当違いの業務さえ入ってこなければ、学校現場にはもっと余裕が生まれていたはずである[13]。要するに、「評価」行為から解放されることも、「働き方改革」には重要な課題である。

　ところが、先に引用した事務次官通知によれば、「教育委員会が課している業務の内容を精査した上で業務量の削減に関する数値目標（KPI）を決めるなど明確な業務改善目標を定め、業務改善の取組を促進し、フォローアップすることで、業務改善のPDCAサイクルを構築する」としている。PDCAという発想自体が多忙化を招いているにもかかわらず、その業務改善のためにPDCAを構築するという。嫌がらせか、悪い冗談としか思えない。

　文部科学省は、業務の削減がそのまま働き方改革につながると思っている。同通知では、「どのような取組がどの程度の削減につながるか丁寧に確認」するとし、「現在各学校が担っている業務や今後発生する業務について、服務監督権者である教育委員会においては、教師が専門性を発揮できる業務であるか否か、児童生徒等の生命・安全に関わる業務であるか否かといった観点から」その見直しを図るとしている。専門性という言葉で教員を位置づけるのなら、業務の見直しは教員自身が行う権限を有しているとしなければならない。日々子どもたちと接し、いま、この子どもたちには何が必要なのか、この学校をどのように変えていかなくてはならないのか、それらを知っているのは教員である。教育委員会ではない。

　確かに現状を考えれば、業務量の削減は必須である。しかし、どんな業務が必要で、どんな業務は削減すべきなのか、それは専門性をもつ教員が決めることである[14]。そして、その業務をどのような労働条件の下で遂行していくか、たとえば、担当する子どもたちの数や授業時間数、授業の準備のための時間の確保、そのための支援体制の整備、研修のあり方などが、校長や教育委員会との交渉過程を経ることで明らかにされていかなくては

ならない。「働き方」を改革するとは、こういうことである。業務内容や時間が削減されていくかどうかは、その結果である。労働時間をどうするかといったこと自体は、「働き方改革」なのではない。それはあくまでも「時間」の問題であって、「どのように働くか」という「働き方」の議論にはなっていない。いまのままでは、仮に業務が削減されても、「働き方」は改革されない。その表現の是非は措くとして、あえて言えば、奴隷のように12時間働いていた状況が8時間にになったとしても「奴隷のように」という働き方の部分が変わらないのであれば、何ら問題は解決しない。

おわりに

　多くの教員が、実質的にかなりの残業をしている。それを「自発的」だというのなら、勤務終了時間が来たら、そのまま帰ってしまえばよいのだ。しかし、その時に業務が途中であれば、結局、その分をどこかの時間で処理せざるを得ないので、負担が減るわけではない。したがって、勤務時間内で終わるように、業務内容を自己決定していくことが必要になる。子どもたちとのかかわりの中で業務内容を具体的に把握できているのは教員しかいないからである。「働き方」を変えることのポイントはここにあると考えたい。つまり、仕事内容やそのやり方についての自主性・自律性が保障されていかなくてはならない。

　教員に求められているのは、自分たちがどんな仕事をどのようにしていくのか、子どもたちの教育権をどう保障していくのか、責任をもって考えていく権利意識（権利獲得への行動を含む）である。

　「時間」の問題に矮小化されることで、「働き方改革」は確実に、教員の教育活動をこれまで以上に監視・管理し、その活動の自由を侵害し、隷従せざるを得ない状況に教員を追い込む。行政当局によって、業務内容が細かく分類され、それらに要した時間が計算され、把握され、価値づけられ、評価され、教員としての活動すべてが事細かに記録され、操作対象となっていく。そして、それらは多忙化を解消するためだとの「正義」の名の下でなされていく。どんな「働き方」をするのか、自分たちで考える自由はまったく残されていない。現在の「働き方改革」は、いかにして教員の自由と権利を奪っていくかという「改革」である。

注
（1）そもそも学校種としては小学校の数が最も多いにもかかわらず、その教員を養成する課程をもつ大学は、中学校・高等学校の教員養成課程をもつ大学よりも少ないのだから、単純計算で、小学校教諭は常に不足しやすい状況にある。
（2）1971年制定の「公立の義務教育諸学校等の教育職員の給与等に関する特別措置法」(給特法と略記)は、給与総額の4%を「教職調整額」として加算することで、労働基準法第37条の「時間外、休日及び深夜の割増賃金」を適用しないことになっている。これが「定額働かせ放題」として批判されている点である。明らかに「残業」にしているように見えても、それは教員が「自発的」にやっていることだと理解されることになる。ただし、次の4項目に関しては、時間外勤務を命ずることができるとされている(公立の義務教育諸学校等の教育職員を正規の勤務時間を超えて勤務させる場合等の基準を定める政令)。①生徒実習に関する業務、②学校行事に関する業務、③職員会議に関する業務、④非常災害等やむを得ない場合に必要な業務。
（3）https://www.mext.go.jp/a_menu/shotou/hatarakikata/__icsFiles/afieldfile/2019/03/18/1414498_1_1.pdf(2022年 6 月12日閲覧) なお、「働き方改革」は、子どもたちの「学び方改革」とも連動する。タブレット型端末の配布などがその典型だが、その問題点については、紙幅の関係もあり、本稿ではふれないことにする。
（4）https://www.mext.go.jp/component/a_menu/education/detail/__icsFiles/afieldfile/2018/09/27/1409224_004_3.pdf(2022年 6 月12日閲覧)
（5）業務内容別の学内勤務時間の調査では、以下のような項目ごとに時間がカウントされている。
朝の業務、授業（主担当/補助）、授業準備、学習指導、成績処理、生徒指導（集団/個別）、部活動・クラブ活動、児童会・生徒会指導、学校行事、学年・学級経営、学校経営、職員会議等、個別打ち合わせ、事務(調査回答/学納金/その他)、行内研修、保護者・PTA対応、地域対応、行政・関係団体対応、公務としての研修、校外での会議等、その他校務
（6）もちろん、現場での人手不足は深刻である。問題は、ただ人がいればいいのか、ということである。それでも教員数を増やすのならまだしも、「職員室業務アシスタント」といった形で人を増やそうとしているところもある。電話対応やパソコンの入力、ファイルの整理などをサポートするとの想定だが、どう「対応」し、何を「入力」し、何を基準に「整理」するのか、すべて教員が指示しなければならないだろう。そして、このアシスタントの「業務」を把握し、それが効果的であったかどうかを検証するために、教員からの指示内容が文書(データ)化されることになって

いくだろう。かえって、多忙化に拍車がかかる。また、授業に集中していない子どもを非常勤の教員が個別に対応することで、担任教員が授業に集中できる、といったことを「改革」の名において実施しようとする場合もある。「授業」とは何か、ここには教育学の基本的課題への挑発的意図が隠されている。徹底した排除構造の構築が進行しようとしている。

（7）部活動の地域移行に関しては、経済的な負担が課題と言われる。これまでは教員の「献身」によって支えられていたわけなので、それを外部に委託するとなれば、当然、費用が発生する。それを学校教育にかかわるものとして完全に予算化できるのか、「受益者負担」の考え方で、家庭に一部であっても費用負担を求めることになるのか。なお、地域移行によって部活動が学校の枠を超えることで、他の学校との合同部活が可能となれば、部員が少人数で競技として成立が難しいというケースはなくなってくるとも言われている。

（8）よく言われてきたことだが、交通網の広がりや高速化によって、出張に要していた時間が以前に比べて短縮されたとしても、仕事が楽になった、時間に余裕ができたということにはならなかった。都市部であれば、全国どこでも日帰りできてしまうので、今まで以上に時間に追われた働き方になってしまった。また、あらゆる職場でのデスクワークでは、パソコンの導入によって、かえって入力すべき項目が増えたり、これまで口頭や簡単なメモ書きで済んでいたものが、データ化される場合もある。機器のフォーマットに合わせるために、かえって作業量が増えている。

（9）なお、教員は8月に年休をとっている場合も多く、その点を考慮しないまま統計をとれば、年休取得時は在校時間は0時間としてカウントされるのだから、月の勤務時間の平均を下げる効果をもつ。そのため、表面的には「閑散期」であるとの印象を与えてしまう。なお、休業中は授業がないのだから、勤務場所を離れて、もっと自由に研修等に出かけて行ける制度が必要ではないか。教育の「質」や「効率性」などを重視したいのなら、その点の制度設計が必要である。ところが、「教育公務員特例法」の改正（2022年）により、校長や教育委員会による研修等の記録の作成が義務付けられ、それをもとにした指導・助言等に関する規定が設けられた。つまり、これは、各教員が何に関心を抱き、どんな研修をしようとしているのかをすべて記録し、「指導・助言」する制度であり、研修のあり方自体を締め付けようとする法律改正である。文部科学大臣が「資質向上」の指針を作り、そのうえでガイドラインが作られるとのことなので、なおさらである。この点こそ「働き方」として議論しなくてはならないのだが、それは別の機会に深めたい。

（10）現在、大学ばかりではなく高校においても授業の「シラバス」の作成が重視されている。小・中学校においても、年間の授業計画(指導案等も含

む)をより緻密に書き込んでいくことが求められている。しかし、まだ授業が始まっていない段階で、しかもどんな子どもたちへの授業となるのかもわからない段階で「シラバス」を作ったところですぐに役立たなくなることは、教員なら誰でも知っている。また、シラバス通りに授業を進めるためには、子どもたちの反応は無視するという前提が必要である。予想よりも早く進む場合もあれば、子どもたちの疑問を取り入れながら進めたほうが内容が充実していくと思えば、あることをじっくり深めてみること、あるいは派生するテーマも意識していくことが必要になってくる。子どもたちの反応を見ながら、そして全体を見渡しながら授業は刻々と変化しながら進んでいく。それは、きわめて動的なものである。

(11) もちろん、テレビ放送の時間との関係で、長時間の試合が敬遠されるという経済的事情も大きい。一方で、あまり短くなりすぎれば、球場での飲み物やグッズの売り上げが伸びなくなる。なお、テレビでも球場でも、一ファンとして試合時間が長いと不満をもったことは一度もない。プロのプレーをたっぷりと観ることができるのだから。ただし、選手の労働環境としては、問題があると感じている。

(12) 教育における「評価」自体の困難性については、拙稿「教育評価の困難性についての試論」(中央大学教育学研究会『教育学論集』第64集、2022年3月、155〜177頁) を参照。

(13) PDCAサイクルも含め、学校を「時間」という観点から批判的に論じた次の拙稿も参照されたい。「学校教育を支える時間・記憶・記録の批判的検討」、中央大学文学部実践的教養演習編『学びの扉を開く (下巻)』中央大学出版部、2022年、102〜120頁。

(14) 事務次官通知では、教員の「専門性」とは表現しても「専門職」であるとは言っていない。この点は、非常に狡猾なところである。「専門職」であると認めれば、当然、職業的な自律性が保障されなくてはならないのだから。1966年のユネスコによる「教員の地位に関する勧告」で、教員は「専門職」として、職務の遂行にあたって学問の自由を享受する等が指摘されていたことをあらためて思い出しておきたい。

(公教育計画学会会員　中央大学)

特集2　給特法と教育労働

給特法と教育労働

大内　裕和

はじめに

　給特法はこれまで教育労働のあり方に大きな影響を与えてきた。それは現在、少ない教育予算であるにもかかわらず、「大きな学校」を維持する日本の教育労働の特徴を生み出しており、それが教員の過剰労働を深刻化させている。本稿では給特法が教育労働のあり方に与えた影響について考察を行う。

1　給特法の成立とその前史

　1971年、一律に給与総額の4％を加算する「教職調整額」を支払う代わりに、「時間外業務手当及び休日勤務手当は、支給しない」（給特法第三条第二項）ことを明記した「公立の義務教育諸学校等の教育職員の給与等に関する特別措置法」（以下：給特法と略）が制定され、1972年1月施行された。

　給特法の成立には前史がある。戦後、公立学校の教員についても、一部の規定を除き労働基準法が適用されることになった（地方公務員法第58条）。しかし、公立学校の教員については、1948（昭和23）年に「官吏俸給令」による給与から職務給を加味した15級制の給与に切り替えられた際、教員にはその勤務時間を単純に測定することは困難であること等を踏まえて、一般の公務員よりも約1割増額した給与額への切り替えが行われた。この切り替えに伴い、教員に対しては超過勤務手当を支給しないこととする取扱いがなされた[1]。

　1960年代、労働条件の改善を求める動きのなかで、多くの都道府県で教員の超過勤務に対して残業代の支払いを求める裁判が数多く行われた。教員も労働基準法の考え方でとらえるべき労働者であるという当時の裁判所の判断から、教員側の勝訴が続いた。

　1966年、文部省（当時）は教員の労働状況を明らかにするために、「教員勤務状況調査」を行った。そこでは1週間平均の超過勤務時間が、小・中学校平均で1時間48分であった。この結果を受けて文部省は超勤手当支給の方向で予算編成に入ったが、自民党文教部会から教員は一般労働者とは異なり、超勤を支給することには問題があると反対意見が出された。その結果、公立学校の教員に対しては給特法が制定されることとなった。

　給特法の制定に合わせて、時間外勤務を規制するために「教育職員に対し時間外勤務を命ずる場合に関する規程」（昭和46年7月5日付け文部省訓令第28号）」が策定され、「教育職員については、正規の勤務時間の割り振りを適正に行い、原則として時間外勤務は命じないものとする」（第3条）こととされた。また、校長が例外的に時間外勤務を命じることができる場合を4つに限定するということが規程上、明記されていた（第4条）。

　この4つの業務は「超勤4項目」（あるいは「限定4項目」）と呼ばれる。具体的には「校外実習その他生徒の実習に関する業務」「修学旅行その他学校の行事に関する業務」「職員会議に関する業務」「非常災害の場合、児童又は生徒の指導に関し緊急の措置を必要とする場合その他やむを得ない場合に必要な業務」となっている。

2　教育問題の噴出と教育労働の肥大化

　1970年代以降における教育問題の噴出は、教員の働き方に大きな影響を与えた。1974年度に90％を超えて「普遍化」した高校進学率は、高校進学の意味を変容させることとなった。高校進学は中学生にとって、「皆と同じように高校に行く」＝「平等」としての進学から、「他人よりも優れた高校に行く」＝「競争」としての進学、あるいは「望むか望まざるかにかかわらず、高校に行かなければならない」＝「強制」としての進学へとその意味を大きく変えた。

　「競争」と「強制」としての高校進学の圧力、そのための偏差値や内申書といった数値化に日常的にさらされることとなった中学生を中心に、1970年代以降、校内暴力やいじめ、不登校などの教育問題が噴出した。それらは「荒れる学校」という言葉でしばしば表現された。

　「荒れる学校」への対応として教育現場が取り組んだのは、生活指導の強化であった。それは後に管理教育として強い批判にさらされる内容を含ん

でいた⁽²⁾。生徒に守らせる校則を増加させ、問題行動を起こした生徒に対
して厳しい指導が行われた。それが時には体罰に及ぶことも少なくなかっ
た。生徒の日常的な行動を監視し、身体や生活全体への管理を強化するこ
とによって、「荒れる学校」を立て直すことが目指されたのである。

　生活指導を強化するという文脈で、それまで以上に盛んとなったのが部
活動であった。子どもたちを長時間学校に滞在させ、目の届くところに置
いておくことが非行に走る子どもを減らすことにつながるとして、部活動
は学校の側からも、また親の側からも大きな期待がかけられた。実際に
1970年代以降、部活動の加入率と活動日数は増加し続け、半数以上の教師
が全面的に関わるようになっている⁽³⁾。授業時間帯だけでなく放課後も含
めて、生徒の生活と身体を管理する教育実践が広がることとなった。

　生活指導の強化が、教員の労働時間の増加をもたらしたことは間違いな
い。しかし、この時期に教員の労働時間の増加が大きな社会問題として取
り上げられることはなかった。生活指導は給特法の「超勤4項目」には含
まれていない。ということは給特法を法律制定時の立法趣旨にしたがえば、
生活指導では超過勤務を命ずることはできないはずである。

　しかし、「荒れる学校」を立て直すための生活指導によって、膨大な超過
勤務が行われることとなった。「荒れる学校」を立て直すためには、教員自
身が自分の働き方や労働時間にこだわってはいられない、という意識が広
がったこともあって、生活指導の強化という教員の超過勤務を前提とする
対策が取られることとなった。

　給特法がすでに存在し、かつ給特法の「超勤4項目」に生活指導は含ま
れていないにもかかわらず、そのことが十分に問われなかったことが、こ
うした対応が取られたことの背景にあるだろう。給特法が存在せず、教員
の残業代が出されることになっていれば、生活指導の強化という現場での
対応は、「残業代の増加」というかたちで可視化されたはずである。また、
給特法の運用として生活指導が「超勤4項目」に含まれていないことが問わ
れれば、超過勤務を命じることはできないため、生活指導残業は命じるこ
とができず、生活指導の強化という対応は再考を迫られることとなっただ
ろう。

　しかし、給特法がすでに存在していたことで「残業代の増加」は発生せ
ず、この時期に教員の長時間労働が大きな問題として注目されることはな

かった。生活指導の強化が進んだこの時期、後に体罰や管理教育として批判されることになる教員の行為は、「子どものために一生懸命に取り組めば必ず報われる」と考える過度な献身性や教育愛を背景にしていることが多い。残業代が出ていないことは、その献身性や教育愛に一層拍車をかけることになった。また、教育予算の増加をともなわない生活指導の強化は、学校における集団主義をそれまで以上に促進することにつながった。

　1970年代以降、「荒れる学校」を立て直すために、給特法の存在とその運用によって教育予算を増額させることなく生活指導の強化が行われ、教育労働は肥大化し、教員が長時間労働を強いられる「大きな学校」が生み出されたのである。

3　臨時教育審議会以降の教育における新自由主義改革

　1984年に設置された臨時教員審議会（以下：臨教審と略）は、戦後の教育政治の対立関係の枠組みを大きく変え、教育の新自由主義改革の出発点となった。

　1950年代以降、政府・文部省による学校現場への「統制」や「管理」を強める教育政策に対して、教職員組合や革新勢力が、「教師の自由」や「子どもの自由」を守り、生かす立場で反対するという対立関係が続いていた。しかし、臨教審は政府の側から教育の「自由化」や「個性重視の原則」を打ち出すこととなった。

　それまで教職員組合や革新勢力が立脚していたのは「国民の教育権」であった。そこでは、子どもの「教育を受ける権利」（憲法第26条）を守ることを国民から負託されている教師が、国家に対して「教師の自由」や「教育の平等」を実現することが、「国民の教育権」を守る行為として正当化される。そこでは、保護者を含む「国民」の教育要求と「教師の教育権」の行使とが、順接的な関係にあることが前提にされている。

　この「国民」の教育要求と「教師の教育権」との順接的な関係に、くさびを打ち込んだのが臨教審の議論の特徴であった。教育システムを市場モデルで図式化し、教師を「教育の供給者」、国民（保護者を含む）を「教育の消費者」として設定し、現在の「画一的」な公教育が、「教育の消費者」からの多様な「サービス要求」に応えていないことが教育の最大の問題であると位置づけた。ここでは、「国民」の教育要求と「教師の教育権」とは

順接的な関係ではなく、むしろ対立関係に置かれることとなる。「教師の自由」や「教育の平等」を求める運動は、「国民」の多様なサービス要求に応じない「抵抗勢力」の行動というレッテルを貼られるようになった。消費者の「サービス要求」に応えることを是とする教育意識が醸成されることとなった。

また、1970年代以降、教育問題の噴出に対応するために成立した「大きな学校」も、教育の「画一性」や「集団主義」として、臨教審が提起した「自由化」や「個性重視の原則」の批判の対象となった。

その点では臨教審の議論は、戦後の民主主義教育運動だけでなく、1970年代以降に「荒れる学校」問題の解決に取り組んできた教育のあり方をも批判する内容を含んでいた。戦後の民主主義教育運動が守ろうとしてきた「平等」な教育、「荒れる学校」問題を解決するための集団主義的教育が、ともに消費者の多様なサービス要求に応えられない「画一的な公教育のあり方」として批判の対象となったのである。平等性と画一性が同一視され、これまでの教育のあり方に対して「画一的な公教育」という一面的な評価がなされた。平等で多様な公教育を実現するための教育予算の増額という方向は否定され、「公教育の縮小」（＝予算カット）、そして「大きな学校」を小さくする教育の「民営化」や「市場化」が望ましい方向として選択されることとなった。

臨教審以降、1990年代に入ると教育の「市場化」や「民営化」を進める新自由主義改革が実際に進められることとなる。

1990年代には学校週5日制が進められた。画一的で知識を詰め込む教育が子どもたちに問題を引き起こしているとして「ゆとり」の教育改革が唱えられ、学校週5日制実施とともに学習内容や授業時間を削減する方向で改革が進められた。1992年に第2土曜日の休業から始まった学校週5日制は、2002年には完全実施されることとなった。授業時間も削減されたのだから、学習内容の削減がそのまま生徒にとってゆとりある学習となったのかは疑わしい。

学校週5日制導入の背景には、1980年代に欧米諸国と比較して日本の労働時間の長さが国際問題となり、年間総労働時間を1800時間程度まで削減することが日本政府に課されるという政治的状況が存在した。労働時間削減のために公務員の週休2日制が進められることとなり、そのなかで公立

学校教員の労働時間削減のために、学校週5日制が推進された。この経緯を考えれば、「ゆとり」の教育改革とは後付けの理由に他ならない[4]。教員の労働時間削減を実現するのが本来の目的であれば、学校週6日制のままでも教員を増員することによって、教員の週休2日制や労働時間削減は可能である。それを行わなかったということは、「ゆとり」の教育改革は、教員を増やすことなく教員の労働時間の削減を目指すという点で、「公教育の縮減」を意味している。

　学校週5日制は土曜日を休業日とする。学校週5日制の趣旨は、学校外活動の充実、家庭や地域社会の教育の充実があってはじめて実現されるものとされていた。1996年の中央教育審議会「21世紀を展望した我が国の教育の在り方について」第一次答申には次のようにある（傍線：筆者）。

　　（2）完全学校週5日制の実施に当たって特に留意すべき事項
　　[1]学校外活動の充実と家庭や地域社会の教育力の充実
　　　学校週5日制の趣旨は、第2章や第3章で述べた家庭や地域社会の教育力の充実とあいまってはじめてその趣旨が生かされるものであり、これらの章で述べた施策の実行を強く期待する。特に、完全学校週5日制の実施に当たっては、市町村教育委員会が中心となって、地域教育連絡協議会や地域教育活性化センターを設置することなどにより、地域における様々な団体などと連携し、土曜日や日曜日における活動の場や機会の提供、情報提供など多様な学校外活動のプログラムを提供する体制を整えていく必要がある。その際、国や都道府県は、全国的あるいは広域的な見地からの取組を進めることはもとより、市町村に対し、積極的な支援を行わなければならない。こうした環境整備は、既に平成4年9月から月1回の学校週5日制が実施されて以来、着実に進められてきているところであるが、今後、一層取組を強化すべきである。

　ここで述べられているように、学校5日制の実施に当たっては「家庭や地域社会の教育力の充実」が提言されている。学校5日制によって休業日が増え、土曜日や日曜日における活動の場を家庭や地域社会が提供することが求められていた。

　しかし、これは当時の日本社会の現実を考えれば容易なことではなかった。土曜日と日曜日に家庭が子どもたちの活動を支えるためには、労働から十分に解放され、子どもたちのために余暇を生かすことができる体力と余裕をもった保護者が必要である。しかし、1973年石油ショック後の企業における減量経営と人員削減、そして労働組合の弱体化による労働時間の長時間化は、労働者の体力的・心理的余裕を奪うことになった。たとえ大企業を中心に週休2日制が普及しても、月曜日から金曜日の労働が過密となれば、休日はゆっくり寝て体力を回復するのが精一杯となってしまう。それは、保護者以外の地域社会の住民についても同様である。

　また、土曜日や日曜日における子どもたちの活動の場が広く普及するためには、子どもたちが安く利用できる公共施設（文化、社会教育、スポーツなど）が豊富に用意される必要がある。私費負担が必要な民間教育サービスでは、経済的に貧しい家庭の出身者が利用するのは困難だからである。この点についても、日本社会の現実は困難であった。1980年代以降、「小さな政府」論が優勢となるなかで公共施設の削減が続いていたからである。

　学校週5日制は普及したものの、長時間労働や「小さな政府」の推進によって、家庭や地域社会の余裕は年々奪われており、子どもの学校外教育の受け皿は圧倒的に不足していた。そこでクローズアップされたのが部活動であった。

　この前史として、学習指導要領における部活動の位置づけの変化を捉えることが重要である。特に1989年の改訂は注目される[5]。当時、クラブ活動は正規の教育課程として存在していたものの、部活動に参加する生徒については、それをクラブ活動の履修とみなす方針が採用された。これは「部活動代替措置」と呼ばれる。

　この部活動代替措置は、臨教審と答申が打ち出した「個性重視の原則」を踏まえたものであり、このことによって部活動は学校教育において明確な存在意義をもつこととなった。個性重視の原則は、それまでの学力試験が教育の画一性をもたらしていることへの批判から生まれている。子どもの個性を重視するためには、学力試験以外の評価軸が求められる。そこでの候補となったのが部活動であった。個性重視の原則の観点から、推薦入試の規模も拡大していった[6]。部活動が入試における評価の対象となることによって、学校生活における部活動の位置づけは、1970年代〜80年代の

「生活指導の強化」という文脈から離れ、それ独自の価値を増すことになった。「部活動で勝利することは入学試験においても有利となる」という事実は、子ども、保護者、教員それぞれが部活動に一層熱心に取り組む志向を促進した。

部活動が盛んとなる気運が広がるなかで、家族や地域社会が十分に担うことができなかった代わりの「受け皿」として、土・日の部活動が盛んとなった。授業が新たに休みになった土曜日は、長時間の練習や対外試合（あるいはコンクールなど）を実施する上で絶好の曜日となった。

2017年度の部活動調査において、部活動顧問の土・日の休日における立会時間の平均値は、平日よりも長くなっており、休日の部活動が盛んに行われていることが分かる。また神奈川県の中学校と高校の教員を対象にした調査[7]では、1998年度、2007年度、そして2013年度と指導日数が着実に増加していることが分かる。部活動指導が週6日以上の割合は、1998年度の21.7％から、2013年度の33.0％へと増加している[8]。この点からも学校週5日制が、部活動の過熱化に一定の役割を果たしたことが予想できる。

部活動の過熱化は、家庭や地域社会が学校週5日制の「受け皿」として十分な役割を果たせないなかで、学校とそこで働く教員がその「代替物」となることを強いられたことを意味している。学校週5日制と長時間労働や「小さな政府」との矛盾を解消するために、一方的に犠牲となったのが学校教員であったと言えるだろう。

ここにも給特法が大きな影響力を発揮していることは間違いない。部活動を担当する教員に残業代を出すことが必要であれば、部活動の過熱化は残業代の支払いによる莫大な教育予算増を引き起こす。その場合には、学校週5日制の受け皿として部活動がこれほど容易に選ばれることはなかったであろう。土曜日・日曜日の部活動で働く教員に対価を支払わないことを正当化してくれる給特法は、長時間労働を是正したくない企業や事業所、休日に子どもの相手をすることに疲労を感じる保護者や地域住民、そして公共施設の増加のために予算を増加させることを拒む政府それぞれにとって、とてもありがたい「打ち出の小づち」の役割を果たした。それはもう一方で、教員に大量の無償労働を強いる法律として機能した。

学校週5日制は「大きな学校」を小さくする改革であったが、教員の長時間労働は深刻となった。経済協力開発機構（OECD）が2013年に行った

「OECD国際教員指導環境調査」（TALIS）において、日本の教員の1週間あたりの勤務時間は53.9時間で、34か国・地域でもっとも長いことが分かった。学校週5日制が教員の労働時間削減を目標に進められたにもかかわらず、それを全く実現しなかったことは現時点では明らかである。

おわりに

　1971年に制定された給特法は現在まで約50年間、教育労働に大きな影響を与えてきた。1970年代の教育問題の噴出に対しては、教育予算を増額させることなく生活指導の強化が行われた。その結果として教育労働は肥大化し、教員が長時間労働を強いられる「大きな学校」が生み出された。

　臨教審以降、学校週5日制に典型的に見られるように、「大きな学校」を小さくすることを目指す新自由主義改革が進められたが、家庭や地域社会はその「受け皿」としての役割を十分に果たすことができない状況に置かれていた。その矛盾を解消するために進められたのが、部活動の強化であった。家庭や地域社会が担うことを予定されていた負担は、学校教員に一方的に押しつけられ、「大きな学校」は維持されることとなった。

　給特法は教育予算を増やすことなく「大きな学校」を実現し、その後もその構造を維持してきた。少ない教育予算であるにもかかわらず、生活指導や部活動など諸外国よりも多様な教育活動を担う「大きな学校」を維持するという特異な教育システムが成立してきたのは、給特法の存在とその運用方法に大きな要因が存在する。それは先進諸国のなかで、日本の教員の労働時間が最も長時間であるという深刻な状況を生み出してきた。

　2022年現在、日本の教育における最も深刻な問題の一つが「教員不足」である。この原因が教員の過剰労働にあることは明らかである。給特法がもたらした教育労働のあり方を問い直し、教員の過剰労働を是正することが喫緊の課題であることは間違いない。

参考文献

・Bourdieu Pierre（1993）La misère du monde, Éditions du Seuil =2019荒井文雄・櫻本陽一監訳『世界の悲惨』、藤原書店.

・藤田英典（2008）「学力とゆとりの構造的矛盾　変わりゆく教育現場」『現代思想』vol.36-4、青土社.

・神谷拓（2015）『運動部活動の教育学入門』、大修館書店.

・広田照幸（2020）「なぜ、このような働き方になってしまったのか」
　内田良他著『迷走する教員の働き方改革』、岩波書店.

・井深雄二（2020）「教員の多忙化と教育財政」『雪丸武彦・石井拓児編『教職
　員の多忙化と教育行政』、福村出版.

・Ingersoll Richard(2006) Who Controls Teachers' Work?: Power and
　Accountability in America's Schools, Harvard University Press

・鎌田慧（2007）『教育工場の子どもたち』、岩波書店.

・北神正行（2018）「教員の労働環境と働き方改革をめぐる教育政策論的検討」
　『学校経営研究』43巻、大塚学校経営研究会.

・中澤篤史（2011）「学校運動部活動の戦後史（上）—実態と政策の変遷—」
　『一橋社会科学』、一橋大学社会科学研究科.

・中澤篤史（2014）『運動部活動の戦後と現在』、青弓社.

・中澤篤史（2017）「部活動顧問教師の労働問題」『日本労働研究雑誌』、労働
　政策研究・研修機構.

・大内裕和（2020）『教育・権力・社会』、青土社.

・大内裕和（2021）「教員の過剰労働の現状と今後の課題」『日本労働研究雑誌』
　第63巻5号、労働政策研究・研修機構

・大内裕和（2022）「ますます深刻化してゆく教員不足　～文科省の対策は効
　果を生むか？」、インターネットサイト「情報・知識＆オピニオンimidas」、
　集英社

・Rebell Michael（2011）Courts and Kids: Pursuing Educational Equity through
　the State Courts, University of Chicago Press

・Rebell Michael（2018）Flunking Democracy: Schools, Courts, and Civic
　Participation, University of Chicago Press

・高橋哲（2019）「教員の『多忙化』をめぐる法的問題」『法学セミナー』773
　号、日本評論社.

・高橋哲（2020b）「教員の『多忙化』をめぐる法的要因分析」『雪丸武彦・石
　井拓児編『教職員の多忙化と教育行政』、福村出版.

・高橋哲（2022）『聖職と労働のあいだ—「教員の働き方改革」への法理論』、
　岩波書店.

・内田良（2017）『ブラック部活動』、東洋館出版社.

・内田良（2018）「置き去りにされた『教育』の世界から」『労働法律旬報』
　No.1926、旬報社。

・Uetricht Micah(2014)Strike for America: Chicago Teachers Against Austerity, Verso Books
・萬井隆令（2018）「教員の労働と給特法」『労働法律旬報』No.1926、旬報社
・油布佐和子（2018）「教員の勤務実態」『労働法律旬報』No.1925、旬報社
・雪丸武彦・石井拓児（2020）『教職員の多忙化と教育行政』福村出版.

注
（1）この点については（北神　2018）を参照。
（2）管理教育については（鎌田　2007）を参照。
（3）この点については（中澤　2014）を参照。
（4）「ゆとり」の教育改革、学校週5日制の背景については、（藤田　2008）を参照。
（5）学習指導要領における部活動の位置づけの変化については（内田2017）を参照。
（6）部活動と入試の関係については（神谷　2015）を参照。
（7）神奈川県教育委員会「中学校・高等学校生徒のスポーツ活動に関する調査報告書」
（8）この点については（内田　2017）を参照。
（9）教員不足と過剰労働との関係については、（大内　2022）を参照。

（公教育計画学会会員　武蔵大学）

統計資料と解題

統計資料と解題

非正規教職員の実態とその考察（7）
——2020年度文部科学省教職員実数調から実態を考察する

武波　謙三

はじめに

　2021年 5 月に発表された総務省統計局労働力調査（基本集計）2021年
（令和 3 年） 4 月分によれば、役員を除く雇用者数5,607万人のうち、非正規
職員は2,039万人で労働者の36.4％、前年同月に比べ20万人増加しており依
然として 3 人に 1 人以上の割合を占めている。非正規職員は男性雇用者
2,980万人のうち647万人21.7％、女性雇用者2,627万人のうち1,392万人53％
で非正規職員全体に占める女性の割合は68.3％と非正規職員の2/3が女性で
ある状況に大きな変化はみられない[1]。

　2020年 1 月に国内感染が確認された新型コロナウイルス感染症による影
響は首都圏を中心として数度の緊急事態宣言発令と広がり、国民生活や経
済活動へ大きく制限を強いるものとなった。休業要請や出社制限、会食制
限などによる経済活動への影響は雇い止めなど解雇等につながり、上記の
労働力調査（基本集計）によると完全失業者のうち「勤め先や事業の都合
による離職」は40万人と前年同月に比べ10万人増加しており、新型コロナ
ウイルス感染症の影響が大きいものと思われる。厚生労働省発表による
「新型コロナウイルス感染症に起因する雇用への影響に関する情報」によれ
ば解雇等見込み労働者数の半数近くが非正規職員となっている[2]。2 年を
経過しても先行きは見えない。

　教育行財政研究所は教職員定数における本務者や臨時的任用、非常勤講
師など非正規教職員の実態調査のため、文部科学省への情報開示請求をも
とに集計、分析した。なお、本稿において「教員」とは、文科省が都道府
県教委及び政令指定都市教委に依頼する教職員定数実数調に掲げる区分欄
の職名のうちから、事務職員と学校栄養職員を除いた教育職給料表の適用
となる者を教員として分類した。（校長、教頭、教諭、助教諭、講師、養護
教諭、養護助教諭、栄養教諭及び非常勤講師など）

　分析の結果、非正規教職員配置の常態化の実態、とくに義務制学校の本務者減少と非正規教職員の増加が進んでいることがわかる。

1　非正規教員とは

　本稿では、「非正規教員」を「臨時的任用」（①「産休代替等」（産前・産後休暇や育児休業、病気休暇、一般休職など休暇や休業を補う代替者として臨時的に任用される教員）、②「欠員補充」（正式採用者が不足のため欠員として臨時的に任用される者））と「非常勤講師」に区別する。

　非正規教員が拡大してきた背景には、第7次教職員定数改善計画（2001～2005年）以降、定数改善計画が策定されていないこと。また、「義務教育諸学校の学級編制及び教職員定数の標準に関する法律（以下、「義務標準法」という）」第7条を改正し、第17条第1項で再任用短時間勤務職員、第2項で教諭等の定数を非常勤講師に換算することを可能としたことが大きく影響している。

2　教職員実数調における義務制学校の非正規教員の実態

　――都道府県義務制の非正規割合は、前年と同程度の18.26％程度か

　文部科学省は、2018年度教職員定数実数調の調査項目から「公立義務教育諸学校非常勤講師数調」を除外した。これにより、国庫負担のない都道府県費非常勤講師数と市町村単独実施分の市町村費非常勤講師数を把握することが不可能となった。統計調査の改悪である。2018年度以降は、都道府県費非常勤講師（負担無）と市町村費非常勤講師（単独市町村費）を2017年度程度の仮定値に置き換えて分析を試みた。2020年度は前年度と同じ都道府県費非常勤講師（仮定値8,500人）、市町村費非常勤講師（仮定値13,500人）とした。

　【都道府県】

　公立小・中学校教職員実数調（2020（令和2）年5月1日現在）（以下、「教職員実数調」という。）(3) によると、小中学校教員の実配置数は正規職員460,294人、臨時的任用58,530人、非常勤講師23,210人（県費（国庫負担））、再任用短時間勤務4,030人の合計546,064人（2019年546,157人、2018年545,596人）となっている。これには国庫負担のない都道府県費と市町村費の非常勤講師数は除外されている。

　非常勤講師数に都道府県費（負担無）8,500人、市町村費（単独）13,500人と仮定して数値比較をすると、非常勤講師数は45,210人、全体の合計数

は、568,064人となる。（2019年568,157人、2018年568,596人）　《別表１》

　正規職員の内訳は本務者444,531人（全体568,064人に対して78.25％）、再任用15,763人（2.77％）の460,294人（81.02％）である。本務者数割合は2015年（81.29％）以降減少し、2017年（79.88％）と80％を割り、2020年（78.25％）と低下し続けている。再任用者数割合は2016年（1.27％）と１％を超えたのち増加し続け、2019年（2.33％）、2020年（2.77％）と２％を大きく上回り増加している。本務者数の減少を再任用者数が補うかたちで正

《別表１》教員配置割合

規職員の割合が81％程度を維持しているのがわかる。

　非正規教員は、臨時的任用が58,530人（10.3％）（前年10.24％）で、内訳は「欠員補充」として37,963人（6.68％）（前年6.72％）、「産休代替等」が20,567人（3.62％）（前年3.52％）となっており、「産休代替等」は微増している。臨時的任用は2018年10.18％、2019年10.24％、2020年10.3％と微増している。非常勤講師は仮の数値であるが45,210人で全体に占める割合は7.96％（前年7.9％）、県費と市町村費に区別される。県費負担は国庫負担23,210人（4.09％）（前年4.02％）と国庫負担無8,500人（仮定）（1.5％）（前年1.5％）に分かれ、市町村費は13,500人（仮定）（2.38％）（前年2.38％）と推定する。

　臨時的任用と非常勤講師を合計した非正規教員は103,740人（18.26％）、調査開始以降では2017年度に18％台に達し拡大の傾向を示している（2019年18.14％、2018年18.16％）。その他に再任用短時間勤務職員が4,030人（0.71％）（前年0.69％）となっており微増傾向にある。

　正規職員（本務者と再任用）が90％を下回るのは、沖縄（83.8％）、奈良（84.6％）、宮崎（88.5％）、大阪（88.6％）、三重（88.6％）、長野（88.7％）鹿児島（89％）、京都（89.1％）、福岡（89.2％）、埼玉（89.5％）、鳥取（89.6％）、神奈川（89.7％）、愛知（89.8％）、和歌山（89.9％）で前年より2増の14自治体となっている。欠員補充も沖縄16.2％（1,558人）、奈良15.4％（1,050人）、宮崎11.5％（755人）、大阪11.4％（2,901人）、三重11.4％（1,102人）、長野11.3％（1,248人）、鹿児島11％（1,224人）など多数となっている。

《別表2》

【政令市】

　教職員実数調によると、政令市の義務制小中学校教員の実配置数は正規職員105,675人（本務者101,344人、再任用4,331人）、臨時的任用13,550人、非常勤講師（国庫）4,782人、再任用短時間勤務998人の合計125,005人となっている。政令市も都道府県と同様に市費単独の非常勤講師数を3,500名と仮定して、合計数を128,505人と推測する。本務者101,344人（全体数128,505人に対し78.86％）、再任用4,331人（3.37％）となり、本務者と再任用を合わせた正規職員の割合は増加している。

　臨時的任用は、「欠員補充」として8,291人（6.45％、前年6.58％）「産休代替等」が5,259人（4.09％、前年4.09％）で合計13,550人（10.54％、前年10.66％）となっている。非常勤講師（仮定）は8,282人で全体に占める割合は6.44％（前年6.10％）、内訳は国庫負担4,782人（3.72％、前年3.34％）と

《別表２》義務制教員等定数小中計　（2020年5月1日）

都道府県	現行教職員	本務教員	配置率	通常学級	再任用比率	正規比率	再任用	正規計	臨時的任用	非常勤講師	欠員率	総計	産休代替	育休者	休職者	財源内訳	内事務	合計	指定都市分
47 沖縄	10,149	9,624	94.8%	7,962	82.7%	8,088	1.1%	104	1,558	16.7%	79.5%	83.0%	371	1,929	19.0%	1.9%	89	89	63
29 奈良	7,202	6,805	94.5%	5,582	82.6%	5,755	2.5%	173	1,050	15.4%	79.6%	84.6%	351	1,401	19.5%	0.6%	89	89	1
32 島根	6,787	6,552	96.5%	5,609	85.6%	5,797	2.9%	188	755	13.3%	85.4%	88.5%	148	903	13.3%	0.8%	194	194	34
27 大阪	27,010	25,464	94.3%	21,692	85.2%	22,363	3.4%	871	2,901	11.4%	83.5%	88.6%	1,331	4,232	15.7%	0.9%	1,078	1,078	99
24 三重	10,360	9,698	93.6%	8,406	86.7%	8,598	2.0%	180	1,102	11.3%	84.0%	88.7%	493	1,595	15.4%	1.9%	1,085	1,085	236
20 長野	11,653	11,040	94.7%	9,214	83.5%	9,792	5.2%	578	1,248	11.3%	84.0%	88.7%	393	1,641	14.1%	1.9%	241	241	122
46 鹿児島	11,540	11,086	96.1%	9,429	85.1%	9,862	3.9%	433	1,224	11.0%	85.5%	89.1%	231	1,455	12.6%	1.1%	167	167	14
25 滋賀	6,932	6,398	92.3%	5,533	83.6%	5,702	2.6%	169	690	10.8%	84.6%	89.2%	375	1,071	13.1%	2.3%	560	560	4
40 福岡	15,960	14,951	96.1%	12,718	85.0%	13,336	4.1%	618	1,615	10.8%	84.8%	89.6%	416	2,031	13.1%	1.2%	280	280	137
11 埼玉	26,982	25,512	95.5%	21,599	84.6%	22,832	4.8%	1,232	369	10.6%	85.6%	89.7%	1,212	3,902	14.5%	1.7%	295	295	241
31 鳥取	3,730	3,563	95.4%	3,335	88.0%	3,194	1.7%	59	1,436	10.2%	85.6%	89.3%	103	472	12.7%	1.4%	188	188	10
23 愛知	14,603	13,930	92.6%	11,919	88.6%	12,494	4.1%	575	2,603	13.5%	83.2%	89.1%	532	1,988	13.5%	0.8%	643	643	55
30 和歌山	27,582	25,560	93.9%	22,684	88.8%	22,947	1.0%	263	564	16.2%	87.7%	89.9%	1,818	4,421	16.0%	1.3%	1,768	1,758	736
	5,962	5,577		4,835	86.7%	5,013	3.2%	178	1,033	10.1%	84.1%	90.2%	306	870	14.9%	1.3%	459	459	2
28 兵庫	10,534	10,534	93.5%	4,835	86.7%	9,501	3.5%	372	1,880	9.7%	87.6%	90.3%	196	1,229	11.3%	1.2%	296	296	46
43 熊本	20,793	19,416	93.4%	16,943	87.3%	17,536	3.1%	593	648	9.5%	86.0%	91.9%	1,111	2,991	14.4%	0.7%	716	716	241
42 長崎	7,195	6,835	95.6%	5,967	87.3%	6,187	3.2%	220	447	9.5%	87.2%	90.5%	184	832	11.6%	2.4%	81	81	19
44 大分	4,993	4,800	96.7%	4,584	87.2%	4,353	2.4%	123	462	9.0%	87.2%	91.0%	109	556	11.1%	1.7%	135	135	7
45 宮崎	5,323	5,190	96.3%	4,964	88.0%	4,697	4.1%	251	548	8.5%	88.1%	91.6%	49	511	9.6%	2.3%	172	172	7
08 茨城	6,686	6,441	96.6%	5,627	87.4%	5,893	3.5%	185	613	8.4%	88.4%	91.6%	161	709	10.6%	1.3%	73	73	30
10 群馬	7,517	7,259	96.6%	6,306	88.1%	6,647	3.2%	456	372	8.4%	90.8%	91.6%	169	701	10.4%	1.2%	127	127	2
06 山形	4,759	4,424	93.0%	3,807	87.4%	4,052	3.2%	358	1,176	8.2%	87.4%	91.9%	142	514	10.8%	4.1%	20	20	46
	15,098	14,379	94.9%	12,747	88.4%	13,203	3.5%	496	817	8.1%	87.3%	91.9%	545	1,721	11.4%	1.2%	986	986	121
28 長野	8,427	7,884	93.4%	7,073	89.7%	7,254	1.3%	181	630	8.0%	88.9%	92.0%	469	1,099	12.0%	0.7%	147	147	4
25 群馬	10,689	10,149	94.9%	8,974	88.4%	9,332	3.5%	358	353	8.0%	89.8%	91.9%	465	1,282	12.0%	1.6%	647	647	
36 徳島	4,696	4,430	94.3%	4,018	90.7%	4,077	1.3%	59	404	7.0%	90.2%	92.0%	192	545	11.6%	1.6%	101	101	60
38 愛媛	5,374	5,109	95.0%	3,905	89.8%	4,752	3.0%	137	469	6.9%	89.4%	92.2%	198	571	11.0%	1.5%	173	173	34
41 佐賀	7,706	7,524	94.2%	6,518	89.6%	6,748	3.2%	230	509	6.9%	87.6%	93.7%	387	896	11.6%	0.8%	683	683	33
33 岡山	7,409	7,224	97.5%	6,499	90.0%	6,727	2.5%	228	497	6.6%	90.8%	93.1%	117	614	8.3%	0.9%	98	98	54
35 山口	7,900	7,582	95.9%	6,830	90.1%	7,071	3.2%	241	511	6.8%	89.5%	93.4%	249	760	9.6%	0.9%	297	297	79
17 石川	6,770	5,781	93.2%	5,211	90.1%	5,398	2.9%	187	383	6.5%	87.5%	93.4%	276	659	10.7%	1.8%	71	71	3
37 香川	11,342	10,671	94.1%	9,771	91.6%	9,975	1.9%	204	690	6.4%	87.9%	93.8%	552	1,248	10.0%	1.8%	961	961	48
03 岩手	5,447	5,141	93.5%	4,662	91.8%	4,808	2.6%	148	333	6.4%	89.8%	93.9%	289	622	10.0%	1.5%	39	39	112
16 富山	7,293	7,079	97.2%	6,618	90.7%	6,820	2.6%	206	469	6.3%	88.6%	95.5%	104	573	7.6%	1.5%	57	57	119
34 広島	9,033	8,492	94.0%	7,607	89.5%	7,961	4.2%	354	531	6.3%	93.7%	96.4%	408	939	10.4%	0.8%	775	775	119
19 山梨	10,333	9,900	95.3%	9,500	93.5%	9,684	1.9%	184	639	5.5%	94.5%	94.9%	423	1,062	9.2%	0.9%	285	285	121
12 千葉	4,820	4,586	95.1%	4,204	91.7%	4,334	2.8%	130	252	5.5%	94.7%	94.7%	190	442	9.5%	0.9%	236	236	48
22 静岡	24,355	22,850	94.6%	20,748	91.6%	21,628	3.9%	860	1,222	4.9%	94.8%	95.9%	1,073	2,795	9.5%	0.8%	354	354	300
21 岐阜	11,161	10,538	94.4%	9,777	91.6%	10,023	3.5%	204	515	4.9%	89.8%	95.9%	534	1,049	9.4%	0.8%	443	443	21
18 福井	8,389	8,136	97.0%	7,568	93.0%	7,800	2.9%	232	336	4.1%	93.0%	96.0%	147	483	5.8%	1.4%	140	140	170
15 新潟	4,879	4,622	95.7%	4,407	95.3%	4,448	0.9%	41	174	3.8%	92.3%	96.8%	190	364	7.5%	1.4%	3	3	91
01 北海道	9,149	8,755	95.7%	8,241	94.1%	8,444	2.3%	203	311	3.6%	96.4%	96.4%	302	613	6.7%	2.9%	243	243	45
14 神奈川	5,575	5,176	96.3%	4,838	93.5%	4,995	2.4%	157	467	3.3%	92.2%	97.8%	237	418	6.7%	2.9%	183	183	16
13 東京	22,324	21,489	96.3%	20,513	95.5%	21,022	2.4%	509	467	2.2%	95.8%	97.9%	533	1,000	4.5%	1.4%	521	521	112
	7,578	7,290	96.2%	6,872	94.3%	7,144	3.7%	272	146	0.9%	94.3%	98.0%	218	362	4.5%	1.5%	372	372	58
合計	525,365	498,257	94.8%	444,531	89.2%	480,204	3.2%	15,763	37,963	7.6%			20,567	58,530	4.9%	1.3%	23,210	23,210	4,030

（文科省公立小・中学校教職員定数統計参考に作成）

国庫負担外（仮定）3,500人（2.72％、前年2.76％）に分けられる。臨時的任用と非常勤講師を合計した非正規教員の人数は21,832人（16.99％）となる。正規職員が90％を下回るのは、さいたま市（87.1％）、岡山市（87.9％）、広島市（88.4％）、堺市（88.5％）、大阪市（89％）、京都市（89.4％）、熊本市（89.6％）となっている。

　（1）義務制学校の臨時的任用教員の状況
　臨時的任用として、定数内教員の「欠員補充」や「産休代替」「育休代替」を「教諭」で配置するか「助教諭」又は「講師」で配置するかは、都道府県教育委員会の判断によっている。
　「講師」は教員免許状保有者であるが、雇用期間は原則1年間であり、「助教諭」は原則3年間の有効期間の臨時免許状を有することを要件としているが、雇用期間も限定され、講師と同様に不安定な状態である。
　教職員実数調による政令市を除く都道府県の教諭、助教諭・講師数は、教諭394,385人、助教諭・講師37,841人の合計432,226人。教諭の内数として「育児休業者」は15,556人となっている。臨時的任用は、育児休業代替15,147人、欠員補充35,741人で合計50,888人。教諭、助教諭、講師の合計の11.77％（2019年11.73％、2018年11.67％）となり増加している。
　政令市における教諭、助教諭・講師数は、教諭93,137人、助教諭・講師7,226人の合計100,363人。教諭の内数として「育児休業者」は3,882人となっている。臨時的任用は、育児休業代替3,855人、欠員補充7,827人で合計11,682人、総数の11.63％（2019年11.8％、2018年11.75％）となっている。

　（2）教職員実数調（義務制）における代替教員の任用状況
　ア）「育児休業」代替教員の任用状況
【都道府県】
　教職員実数調では、47都道府県における「教諭」の育児休業（15,556人）に対して、多くの自治体が「講師」の採用で対応している。
　育児休業代替を「教諭」としている自治体は群馬・東京・神奈川・静岡・鳥取の5都県、「教諭」「助教諭」「講師」併用は埼玉・山梨・広島の3県、「教諭」「助教諭」併用は北海道・山口・沖縄の3道県、「教諭」「講師」併用は愛知・京都・兵庫・高知の4府県。「助教諭」「講師」併用は山形・栃木・新潟・愛媛・福岡の5県。27府県は「講師」に限定している。
　育児休業代替の総数15,147人、その内訳は「教諭」5,896人（38.9％、前

年35.9%）、「助教諭」384人（2.5%、前年3.3%）、「講師」8,867人（58.5%、前年60.7%）と「講師」が育児休業代替者の60%程度となっている。「講師」に「助教諭」を加えた割合は61%と2019年に対して3%減少しており、教諭の採用が改善されたことがわかる。(2019年64%，2018年63.4%)《別表３》

《別表３》臨時的任用教員等の代替者の職名　（令和２年５月１日）

	教諭 (前職)	教諭 育休	教諭 代替	教諭 欠員	助教諭 (前職)	助教諭 育代	助教諭 欠員	講師 (前職)	講師 育休	講師 欠員	養護教諭 (前職)	養護教諭 育休	養護教諭 育代	養護教諭 欠員	養護助教諭 (前職)	養護助教諭 育休	養護助教諭 欠員	栄養教諭 (前職)	栄養教諭 育休	栄養教諭 育代	栄養教諭 欠員	学実 育代
1 北海道	17,880	407	351	352	94	45	42	1			1,248	41	36	22	6	5	1	300	11	11	10	
2 青森	5,522	80						554	76	456	385	14			60	14	41	43	3			3
3 岩手	5,366	80						531	8	437	445	8			36	8	28	100	8	2	4	6
4 宮城	5,264	124						723	116	560	375	17			51	17	29	72	4	4	3	
5 秋田	3,050	27						461	27	425	272	3			42	3	34	77	5	3	4	2
6 山形	4,607	83			16	17	54	469	65	347	323	7			22	7	13	63	3			3
7 福島	7,702	128						1,146	125	991	365	38			85	38	42	69	2			2
8 茨城	11,151	414						1,603	406	1,110	653	40	60		105	40	60	154	11	7	6	4
9 栃木	8,147	329			189	62	123	807	267	494	501	37			63	37	22	84				
10 群馬	9,152	346	346	770				4			517	37	35	45	5	2	2	72	10			10
11 埼玉	22,156	908	810	2,005	508	24	477	1,202	73	152				2				197	13			13
12 千葉	10,531	600						2,141	799	1,138	1,115	58	58	83				244	11			11
13 東京	38,989	1,599	1,597	210							1,960	119	119	4				68	2	2		
14 神奈川	11,003	591	389	1,363				4		2	441	42	30	71				78	3			3
15 新潟	6,853	217			108	51	46	461	165	253	501	24			44	24	12	132	12			12
16 富山	4,333	176			1			379	175	169	252	25			37	25	11	45	2		1	1
17 石川	4,522	213						618	201	370	272	25			41	25	13	77	7			7
18 福井	3,700	138						332	136	185	251	18			30	18	9	51	2	2		
19 山梨	3,821	130	126	180	37	2	35				262	12	10	12	1	1		61	4	4	1	
20 長野	6,295	277						1,540	277	1,191	504	38			102	38	57	136	9			9
21 岐阜	8,283	431						1,132	427	623	471	36			116	36	73	119	10			10
22 静岡	9,435	414	412	489				1			552	40	39	25				102	5			5
23 愛知	22,712	1,366	998	1,504				1,265	255	915	1,236	130	130	148				265	21	21	38	
24 三重	7,064	388						1,489	387	1,034	447	46			120	46	68	111	12			12
25 滋賀	6,264	357						1,017	357	587	381	27	27	40				61	5			5
26 京都	4,890	291	41	13				915	244	624	276	21	9	38	18	18		97	9	6	20	3
27 大阪	18,964	1,006						3,947	997	2,897	810	80			285	59	204	238	17			17
28 兵庫	13,649	851	89	148				2,542	759	1,615	734	61	5	25	164	55	92	220	18			6
29 奈良	4,930	279						1,323	279	990	239	18			78	14	60	39	5			5
30 和歌山	4,048	234						814	234	527	308	18			37	18	11	37	4			4
31 鳥取	2,829	97	63					341		341	167	12	9		26		28	21	2			2
32 島根	3,465	76						509	61	423	275	21			53	20	24	52	8			8
33 岡山	5,197	268						825	287	480	391	32			79	32	29	99	14			14
34 広島	7,239	321	259	409	127	43	74	11	2		530	26	25	32				97	3	3	14	
35 山口	6,386	176	164	454	57	11	40				465	33	32	36	2	1	1	123	15			15
36 徳島	3,206	129						491	129	340	236	36			54	36	13	62	4			4
37 香川	3,876	209						575	207	321	216	30			47	30	7	38	6			
38 愛媛	5,869	153			5	5		287	139	121	389	26			47	25	16	115	13	12	9	
39 高知	3,333	93	26					411	66	317	240	12	7		54	5	44	78	5	11		
40 福岡	30,610	332			456	88	356	1,437	226	1,156	579	24			122	21	94	208	8	7		
41 佐賀	3,788	122						528	117	381	223	20			42	20	22	57	6			6
42 長崎	6,296	101						448	100	320	466	18			37	18	16	95	4			4
43 熊本	5,106	140						749	137	602	328	18			84	18	60	78	9			
44 大分	4,615	112						680	111	502	400	11	11	50				46	2			
45 宮崎	4,588	96						845	94	726	339	23			58	23	29	90	10			
46 鹿児島	7,957	164						1,327	158	1,160	644	31			160	6	6	29				
47 沖縄	8,594	255	219	1,287	274	36	230	2			441	25	25	40	1		1	34	4			4
計	394,385	15,558	5,896	9,204	1,934		1,477	35,907	8,867	25,080	23,839	1,525		2,892	825		1,378	4,912	253	96	157	240

（資料は各県公立小・中学校教職員実数調を参考に作成）

【政令市】

　育児休業代替を「教諭」とするのは札幌市・川崎市・横浜市・静岡市・浜松市・名古屋市の６市、「教諭」「助教諭」「講師」併用はさいたま市、「教諭」「助教諭」併用は広島市、「教諭」「講師」併用は仙台市・相模原市・京都市・神戸市の４市、「助教諭」「講師」併用は新潟市。残る７市は「講師」としている。

　育児休業代替の総数3,855人、内訳は「教諭」2,054人（53.3％、前年46.0％）、「助教諭」82人（2.1％、前年2.2％）、「講師」1,719人（44.6％、前年51.7％）と前年より「教諭」の割合が7.3％増の改善がすすんでいる。《別表４》

《別表４》臨時的任用教員等の代替者の職名 （令和２年５月１日）

| | | 教諭 | | | | 助教諭 | | | | 講師 | | | | 養護教諭 | | | | 養護助教諭 | | | | 栄養教諭 | | | | 事務 |
		総数	育休	育代	欠補	総数	育休	育代	欠補	総数	育休	育代	欠補	総数	育休	育代	欠補	総数	育休	育代	欠補	総数	育休	育代	欠補	育代
1	札幌	6,771	174	174	395					6			6	332	13	13	11					125	2	2	2	
2	仙台	4,027	152	50						293	102	103		188	13	6		20	7	12		31	1	1		
3	さいたま	4,543	186	129	485	163	41	110		69	16	52		222	17	16	16		1			62	7			
4	千葉	3,243	136							328	136	150		191	14	14	14					40	6			6
5	川崎	4,564	175	168	182									191	13	13	10					23	2			
6	横浜	11,608	464	465	573					3				408	34	34	27					63	3			3
7	相模原	2,399	123	121	205									111	10	10						49				
8	新潟	2,999	65						21	206	61	128		184	5			21	9			49				
9	静岡	2,404	86	86	159								1	137	7	7	12					14	1			
10	浜松	3,240	134	134	225					1				172	12	12	15					54	5			
11	名古屋	8,528	437	434	184					8				448	48	28						113	4	4	11	
12	京都	4,127	182	2	10					772	180	518		220	9			43	9	31		85	7	1		
13	大阪	8,511	378							1,680	374	1,195		407	25			106	25	76		136	4			4
14	堺	2,918	175							635	175	411		127	1			53	13	37		43	5			
15	神戸	4,918	323	95	29					802	227	525		237	1			31	9	19		37	1			
16	岡山	2,486	106							527	106	293		129	19			40	19	19		64	6			
17	広島	4,695	235	149	499	135	36	87	2					256	22	22	17					74	3	4	3	
18	北九州	3,191	106							437	103	311		185	7			27	7	15		87	5			
19	福岡	5,044	188							687	183	431		235	5			26	11	11		107	1			
20	熊本	2,844	57							449	55	389		133	6			25	6	19		51	2			2
	計	95,137	3,682	2,054	3,946	322	82	218		6,904	1,719	4,663		4,593	321	201	167	393	120	244		1,205	66	71	40	42

資料名：全国小・中学校教職員実態調査参考より作成

イ）「欠員補充」の際の教員の任用状況

【都道府県】

　欠員補充として「教諭」を配置している自治体は群馬・東京の２都県、「教諭」「助教諭」「講師」併用は埼玉・山梨・広島の３県、「教諭」「助教諭」併用は北海道・山口・沖縄の３道県、「教諭」「講師」併用は神奈川・静岡・愛知・京都・兵庫の５府県、「助教諭」「講師」併用は山形・栃木・新潟・福岡の４県、残る30府県は「講師」としている。欠員補充の総数は35,741人、内訳は、「教諭」9,204人（25.8％、前年26.5％）、「助教諭」1,477

人（4.1、前年5.3％）、「講師」25,060人（70.1％、前年68.1％）で、「講師」に「助教諭」を加えた割合は74.2％と2019年の0.8％増となっている（2019年73.4％、2018年72.4％、2017年72.6％）。小学校の担任などにあたっている場合、学級経営に不安は拭えない。

【政令市】

欠員補充を「教諭」とするのは川崎市・横浜市・相模原市・静岡市・名古屋市の5市、「教諭」「助教諭」「講師」併用はさいたま市・広島市の2市、「教諭」「講師」併用は札幌市・浜松市・京都市・神戸市の4市、「助教諭」「講師」併用は新潟市。8市は「講師」となっている。

欠員補充の総数は7,827人、内訳は、「教諭」2,946人（37.6％、前年33.1％）、「助教諭」218人（2.8％、前年2.4％）、「講師」4,663人（59.6％、前年64.5％）育児休業と同じく「教諭」の割合が前年比4.5％増の改善がすすんでいる。

ウ）養護教諭、栄養教諭の場合　《別表3》《別表4》

【都道府県】

養護教諭の育児休業1,525人に対し育児休業代替1,503人。内訳は、「養護教諭」675人（44.9％、前年44.5％）、「養護助教諭」828人（55.1％、前年55.5％）となっている。欠員補充については、欠員補充者総数2,064人、内訳は「養護教諭」688人（33.3％、前年32.6％）、「養護助教諭」1,376人（66.7％、前年67.4％）と育児休業代替・欠員補充とも「養護助教諭」の任用が多くなっている。栄養教諭の育児休業353人に対し育児休業代替338人。「栄養教諭」98人（29％、前年29.6％）、「学校栄養職員」240人（71％、前年70.4％）で、学校栄養職員の任用が多くなっている。

【政令市】

養護教諭の育児休業321人に対し育児休業代替321人。内訳は、「養護教諭」201人（62.6％、前年62.4％）、「養護助教諭」120人（37.4％、前年30％）となっている。欠員補充については、欠員補充者総数411人、内訳は「養護教諭」167人（40.6％、前年40.6％）、「養護助教諭」244人（59.4％、前年59.4％）となっている。欠員補充については、「養護助教諭」の任用が多くなっている。栄養教諭の育児休業66人に対し育児休業代替63人。「栄養教諭」21人（33.3％、前年31.7％）、「学校栄養職員」42人（66.6％、前年68.3％）で、学校栄養職員での任用が多くなっている。

エ）臨時的任用にみられる傾向と任用改善等

欠員補充・育児休業代替の場合には、「講師」「養護助教諭」「学校栄養職員」が充てられる傾向が依然として高い。教員については、欠員補充・育

児休業代替とも「講師」採用が多くの自治体で行われている。また、教員の代替に「講師」を充当する自治体では、養護教諭の代替に「養護助教諭」が充てられ、栄養教諭の育児休業代替には多くの自治体が「学校栄養職員」となっている。

2020年度における任用では、静岡県で欠員補充・育児休業代替とも「講師」から「教諭」へ、山口県は欠員補充・育児休業代替が「講師」を除き「教諭」「助教諭」へ、高知県でも育児休業代替が「講師」から「教諭」「講師」へと改善されている。しかし、徳島県では欠員補充・育児休業代替が「助教諭」から「講師」へ、鹿児島県では欠員補充が「講師」のみに、くわえて養護教諭の欠員補充・育児休業代替も「養護助教諭」へと変更されている。

　オ）教職員実数調における非常勤講師の任用状況

都道府県における非常勤講師は都道府県費（県費）と市町村費に、また国庫負担の有無で県費非常勤講師（国庫負担）、県費非常勤講師（国庫負担対象外）、市町村費非常勤講師（国庫負担対象外）の三種類に大別される。県費非常勤講師（国庫負担）、市費非常勤講師（国庫負担）ともすべての都道府県、政令市で配置されている。2020年度の都道府県における県費非常勤講師（国庫負担）は23,210人、政令市の市費非常勤講師（国庫負担）は4,782人となっている。

臨時・非常勤職員の適正な勤務条件等を確保するとして地方公務員法等の一部改正が行われ、2020年（令和2年）以降、非常勤講師は会計年度任用職員（パートタイム）となり任用期間の明確化や期末手当支給を可能とする規定などが整備された。しかし、新制度導入3年をむかえ、総務省「事務処理マニュアル第2版」[4]で指摘されていた3年目公募問題による雇止めや再公募が危惧されている[5]。

3　教職員実数調における高等学校の非正規教員の実態
　　──非正規率21％、2020年度も5人に1人の割合で非正規教員

公立高等学校課程別・職種別教職員実数調（2020（令和2）年5月1日現在）（以下、「高等学校教職員実数調」という。）[6]によれば、政令市を除く都道府県高等学校教員の構成は次のようになっている。総数198,848人のうち本務者143,488人（72.16％）、再任用9,883人（4.97％）の合計153,371人（77.13％）。臨時的任用（欠員補充等）14,840人（7.46％）、非常勤講師（都道府県費）26,913人（13.53％）の41,753人（21％）が非正規教員となる。

その他再任用短時間勤務3,724人（1.87%）である。非正規教員のうち、非常勤講師の割合が高く7人に1人の割合となっている。臨時的任用と非常勤講師を合計した非正規教員の割合は、2018年21.41%、2019年21.4%、2020年21%と前年度比△0.4%と減少傾向にあるが、5人に1人の割合となっている。正規職員（本務者と再任用）が90%を割るのは12県で前年と同数である。青森（87.7%）、栃木（87.9%）、兵庫（89.9%）、福岡（14.4%）を補う臨時的任用は奈良（12.3%）、青森（12.5%）、鳥取（12.5%）となっている。

《別表5》

《別表5》高校教員等定数計（2020年5月1日）

4　教職員実数調から読む事務職員の非正規職員の実態

（1）義務制事務職員定数分析から見える特徴

　政令市を除く都道府県の義務標準法上の実行定数[7]は26,255人。実配置数は25,430人で配置割合は96.9％、2019年度（96.7％）を0.2％上回った。

　本務者数は21,207人で実配置数に占める割合は83.39％と前年度を0.65％下回り減少傾向にある。（2019年84.04％、2018年84.56％）

　臨時的任用（欠員補充）は2,818人で、実配置数のうち11.08％で初めて11％台にのった（2019年10.88％、2018年10.68％）。10％を上回る自治体は前年より1増の30府県。20％以上は、京都（27.2％）、宮崎（25.6％）、岩手（22.7％）、奈良（22％）、大阪（20.9％）の5府県で4、5人に1人の割合である。

　臨時的任用（欠員補充）が100人を超える自治体は、大阪（228人）、兵庫（153人）、福岡（142人）、神奈川（111人）、岩手（106人）、宮崎（104人）、埼玉（103人）、茨城（101人）となっている。《別表6》

《別表6》義務制事務定数／小中計（2020年5月1日）

　欠員（実行定数と実配置数との差）を生じている自治体は、39都道府県825人（2019年860人、2018年978人）で毎年減少しており改善されてきている。

　本務者と臨時的任用（欠員補充）による充足率では、東京（85.1％）、愛媛（86.4％）、富山（85.5％）、沖縄（89.1％）、大分（90.3％）など依然として低い数値となっている。

　ア）共同実施における事務職員配置の状況

　義務制学校の事務職員定数は義務標準法第9条により次の基準で算定されている。①4学級以上（1人）②3学級の小中学校数（3/4人）③大規模校複数配置【小27CL,中21CL】（＋1人）④就学援助加配【要準要保護児童生徒数100人以上かつ25％以上】（＋1人）の合計数を基礎定数とするが、実際の配置については各都道府県・政令市教育委員会が合計数の範囲内で弾力的に行っている。

　また、基礎定数とは別に事務の共同実施加配として1,021人（2019年1,027人、2018年994人）が措置されている。共同実施に積極的な自治体で多くの臨時的任用や欠員状況が見られることは以前から指摘しているところである。

　東京は複数配置（都独自基準）や就学援助加配配置基準が崩される中で、教職員実数調によれば、欠員は309人充足率85.1％（2019年欠員323人84.4％、2018年欠員342人83.7％）と改善がみられるが、依然として大量の欠員を生じている。東京の共同実施では都費正規事務職員を小中学校から引きあげて拠点校に設置する共同事務室に集め定数削減をしたうえで事務処理をおこなうというのが基本モデルとなっている。引き上げられた学校には都費非常勤職員（月16日勤務）が配置されているが共同事務室が処理する業務以外の多くが学校に残され業務負担は解消されない。

　大分では全県下での事務の共同実施にあたり、事務職員を集中配置する学校支援センターを県内に31か所設置。義務標準法で定める事務職員の総定数を弾力的に運用したあらたな配置基準を独自に策定し全県の事務職員の配置の見直しを行っている。250人以上の学校に正規事務職員を、80人以上250人未満の小中学校に全額県費の非常勤職員を配置し、児童生徒数80人未満の学校を事務職員未配置とすることで、配置率90.3％（2019年90.1％、2018年89.3％）と定数より△36人の欠員を生じている。大分県公立学校教頭会の2020年度調査資料によれば、県教委が示す「事務職員等配置基準」により県内126校が事務職員未配置のため、教頭が事務を兼務する

学校数は小学校85校、中学校41校で兼務率30％を超え全国トップ、事務職員未配置校教頭にとって過酷な職場環境となっている[8]。

　愛媛では市町村に複数の事務職員が連携し業務分担を行う共同学校事務室を複数校設置し構成校の事務処理を共同で行っている。事務職員の未配置校も大分県に次いで多く共同学校事務室が支援を行っているが学校の負担は大きいものとなっている。事務職員の欠員等の代替は「事務講師」として教育事務所が採用している。

　共同実施加配を受けても、新規採用を抑制し臨時的任用（欠員補充）で充足、あるいは欠員のままに放置している自治体の状況に大きな変化はみられない。東京、大分、愛媛にみられる非常勤職員配置について文部科学省は義務標準法の定数として取り扱わないとしてその配置について問題とはしていない。総額裁量制により浮いた人件費で定数外の県費非常勤職員を配置とすることの全国化は避けなければならない。

　政令市における義務標準法上の実行定数は5,241人に対して、本務者数4,366人、再任用数258人、臨時的任用（欠員補充）508人の合計5,132人で配置割合は97.9％（2019年-97.8％、2018年-97％）となっている。臨時的任用（欠員補充）が多いのは、熊本市（30.6％）、岡山市（20.1％）と割合が高くなっており、熊本市では3割に達している。欠員の多い自治体は、広島市（△60人充足率80.1％）、福岡市（△31人充足率90.6％）となっている。

（2）高校事務職員の定数分析から見える状況

　少子化による児童生徒数の減少に伴い、各地で過疎化の波をうけ、高等学校でも学校統廃合が進み事務職員定数が減少している。

　高等学校教職員実数調による「公立高等学校の適正配置及び教職員定数の標準等に関する法律（高校標準法）」上の全日制・定時制合計の定数は、14,389人。実際に配置されている実配置数は14,136人、配置割合は98.2％で前年度より0.1％減少した。（2019年-98.3％、2018年-98.4％）

　実配置数のうち本務者は12,541人で定数に占める割合は88.7％で対前年度0.7％減である。（2019年-89.4％、2018年-90％）。臨時的任用（欠員補充）は、2020年-926人（2019年-908人、2018年-897人）で実配置のうち6.6％、前年度0.2％増となっている。（2019年-6.4％、2018年-6.2％）

　全日制・定時制で臨時的任用が10％を超える自治体は、奈良（31.3％）、青森（21.7％）、山口（21.5％）、神奈川（19.2％）、群馬（18.4％）、京都（17％）、沖縄（16％）、茨城（16％）、熊本（15.5％）、大分（12.4％）、和歌

山（12.2%）、兵庫（12.1%）、宮崎（11.3%）と前年より2増えて13県。奈良では依然と3人に1人の割合となっている。《別表7》

《別表7》高校事務定数／全定計（2020年5月1日）

		実計定数(A)	実配置数(B)	配置割合 B/A	本務者数(C)	本務割合 C/A	兼任兼務(D)	兼任割合 D/A	正職計(C+D)	正職 B	正職 A	欠補指採数(E)	支補割合 E/A	定数ー実数(A-B)	充足率
29	奈良	160	160	100.0%	104	65.0%	6	3.8%	110	68.8%	68.8%	50	31.3%	0	100.0%
2	青森	226	221	97.8%	163	73.8%	10	4.5%	173	78.3%	76.5%	48	21.7%	△5	97.8%
35	山口	215	209	97.2%	162	71.5%	2	1.0%	164	78.5%	76.3%	45	21.5%	△6	97.2%
14	神奈川	672	661	98.4%	438	66.3%	96	14.5%	534	80.8%	79.5%	127	19.2%	△11	98.4%
10	群馬	347	342	98.6%	273	79.8%	6	1.8%	279	81.6%	80.4%	63	18.4%	△5	98.6%
26	京都	252	247	98.0%	195	78.9%	10	4.0%	205	83.0%	81.3%	42	17.0%	△5	98.0%
47	沖縄	348	331	95.1%	275	83.1%	3	0.9%	278	84.0%	79.9%	53	16.0%	△17	95.1%
7	茨城	406	400	98.5%	331	82.8%	5	1.3%	336	84.0%	82.8%	64	16.0%	△6	98.5%
43	熊本	235	226	96.2%	186	82.3%	5	2.2%	191	84.5%	81.3%	35	15.5%	△9	96.2%
44	大分	204	201	98.5%	171	85.1%	5	2.5%	176	87.6%	86.3%	25	12.4%	△3	98.5%
30	和歌山	171	164	95.9%	139	84.8%	5	3.1%	144	87.8%	84.2%	20	12.2%	△7	95.9%
28	兵庫	589	580	98.5%	493	85.0%	17	2.9%	510	87.9%	86.6%	70	12.1%	△9	98.5%
45	宮崎	161	150	93.5%	131	82.4%	10	6.3%	141	88.7%	87.6%	18	11.3%	△2	93.5%
	埼玉	779	771	99.0%	676	87.7%	28	3.6%	704	91.3%	90.4%	67	8.7%	△8	99.0%
33	岡山	341	330	96.8%	305	92.4%	2	0.6%	307	93.0%	90.0%	23	7.0%	△11	96.8%
40	福岡	545	536	98.4%	443	82.6%	56	10.4%	499	93.1%	91.6%	37	6.9%	△9	98.3%
12	千葉	612	595	97.2%	553	92.9%	6	1.0%	559	93.9%	91.3%	36	6.1%	△17	97.2%
18	福井	95	92	96.8%	87	94.6%		0.0%	87	94.6%	91.6%	5	5.4%	△3	96.8%
42	長崎	199	197	99.0%	177	89.8%	11	5.6%	188	95.4%	94.5%	9	4.6%	△2	99.0%
46	鹿児島	318	312	98.1%	259	83.0%	40	12.8%	299	95.8%	94.0%	13	4.2%	△6	98.1%
41	佐賀	155	151	97.4%	142	94.0%	3	2.0%	145	96.0%	93.5%	6	4.0%	△4	97.4%
22	静岡	462	453	97.0%	423	94.4%	8	1.8%	431	96.2%	93.3%	17	3.8%	△14	97.0%
3	岩手	210	205	97.6%	182	88.8%	17	8.3%	199	97.1%	94.8%	6	2.9%	△5	97.6%
21	岐阜	278	275	98.9%	267	97.1%		0.0%	267	97.1%	96.0%	8	2.9%	△3	98.9%
25	滋賀	181	181	94.3%	153	84.5%	23	12.7%	176	97.2%	95.1%	5	2.8%	△4	97.3%
37	香川	122	115	94.3%	108	93.9%	4	3.5%	112	97.4%	91.8%	3	2.6%	△4	97.3%
4	宮城	359	351	97.8%	336	95.7%	9	2.6%	345	98.4%	96.1%	6	1.7%	△8	97.8%
20	長野	451	449	99.6%	442	98.4%		0.0%	442	98.4%	98.0%	7	1.6%	△2	99.6%
23	愛知	603	588	97.5%	567	95.4%	19	3.2%	580	98.6%	96.2%	8	1.4%	△15	97.5%
34	広島	312	307	98.4%	283	92.2%	21	6.8%	304	99.0%	97.4%	3	1.0%	△5	98.4%
9	栃木	229	224	97.8%	218	97.3%	4	1.8%	222	99.1%	96.9%	2	0.9%	△5	97.8%
31	鳥取	112	112	100.0%	106	94.6%	5	4.5%	111	99.1%	99.1%	1	0.9%	0	100.0%
6	山形	153	151	98.7%	145	96.0%	5	3.3%	150	99.3%	98.0%	1	0.7%	△2	98.7%
24	三重	234	233	99.6%	207	88.8%	25	10.7%	232	99.6%	99.1%	1	0.4%	△1	99.6%
15	新潟	249	248	99.6%	227	91.5%	20	8.1%	247	99.6%	99.1%	1	0.4%	△1	99.6%
27	大阪	437	434	99.3%	374	86.2%	59	13.6%	433	99.8%	99.1%	1	0.2%	△3	99.3%
	北海道	699	688	98.4%	644	93.6%	44	6.4%	688	100.0%	98.4%		0.0%	△11	98.4%
5	秋田	175	175	100.0%	162	92.6%	13	7.4%	175	100.0%	100.0%		0.0%	0	100.0%
	福島	277	277	100.0%	266	96.0%	11	4.0%	277	100.0%	100.0%		0.0%	0	100.0%
13	東京	780	785	99.4%	755	96.2%	30	3.8%	785	100.0%	99.4%		0.0%	△5	99.4%
16	富山	152	145	95.4%	140	96.6%	5	3.4%	145	100.0%	95.4%		0.0%	△7	95.4%
17	石川	149	149	100.0%	143	96.0%	6	4.0%	149	100.0%	100.0%		0.0%	0	100.0%
19	山梨	101	101	99.1%	100	99.0%	1	1.0%	101	100.0%	98.1%		0.0%	△2	98.1%
32	島根	137	138	99.3%	136	100.0%		0.0%	138	100.0%	99.3%		0.0%	△1	99.3%
36	徳島	172	172	100.0%	172	100.0%		0.0%	172	100.0%	100.0%		0.0%	0	100.0%
38	愛媛	179	173	96.6%	163	94.2%	10	5.8%	173	100.0%	96.6%		0.0%	△6	96.6%
39	高知							3.1%		100.0%			0.0%		99.2%
		14,389	14,136	98.2%	12,541	88.7%	669	4.7%	13,210	93.4%	91.8%	926	6.6%	△253	

兼任兼務→ 13,210

（文科省公立小・中学校教職員実数調を参考に）作成

　高等学校では、各地で総務事務システム導入を理由にした定数削減が進行している。2010年度に開始された高校授業料無償化による公立高等学校授業料不徴収の際にも各地で人員削減が行われた。自公連立政権による2014年度からの高校授業料無償化への所得制限導入では、認定に伴う審査事務など高校事務職員の多忙化が問題となった。2016年度には全ての生徒が高等学校等就学支援金の審査対象となり、所得確認・交付申請など関係事務処理は年間を通して膨大な作業が現在も発生している。マイナンバー

制度の導入も審査・所得確認に影響してきている。低所得世帯等の授業料以外の教育費負担軽減のための高校生奨学給付金制度の導入による事務量増加も懸念されている。

　さらに、高等学校の規模も小規模化による定員の縮小で事務職員定数も減らされている。事務長を含めても3人を割り込むという実態もあり、業務量の負担が過重となっている。高等学校事務室における事務量に応じた適正な定数と本務者の確保が急務である。

5　公立学校の統廃合の状況

　学校基本調査[9] によれば、1998年（平成大合併開始前年）から2021年までの23年間で、公立小学校は23,471校から18,885校へと△19.54％（4,586校減）が統廃合され47都道府県すべてで減少している。2021年度は福島（△16校）、北海道（△14校）、千葉（△13校）、茨城（△10校）など36道府県で184校が消滅した。1998年からの削減率の高い順では、青森（△44.84％）、秋田（△44.44％）、北海道（△37.43％）、岩手（△37.23％）、徳島（△34.18％）、山形（△33.33％）、熊本（△33.33％）、島根（△32.29％）、高知（△31.99％）、新潟（△31.57％）、大分（△30.73％）、鳥取（△30.36％）と△30％を超え、青森、秋田では4割の小学校が廃校となっている。

　中学校では10,428校が9,151校へ△12.25％（1,216校減）で、特に岩手（△30.84％）、山形（△30.83％）と3割の中学校が廃校となっている。2021年度は北海道（△6校）、福島（△5校）、千葉（△5校）など30都道府県で61校が消滅した。削減率の高い順では、岩手、山形についで北海道（△26.49％）、鹿児島（△23.36％）、大分（△22.78％）、石川（△22.12％）、山口（△21.58％）、青森（△21.35％）、秋田（△21.17％）、島根（△20.35％）と20％を超え、北海道、岩手、山形などでは小学校の廃校がおこなわれたのちに中学校の統廃合もすすんでいる。

　都道府県立高等学校（全日制、定時制）では3,765校が3,229校へと△14.24％（536校減）で、大分（△31.58％）、山口（△27.27％）、徳島（△26.32％）、岡山（△26.09％）、北海道（△22.04％）、新潟（△21.57％）、熊本（△20.34％）、岩手（△20.25％）、愛媛（△20％）では20％を超える統廃合が起きている。《別表8》

　文科省は、適正規模（12学級）未満の小規模学校（小学校で46.5％、中学校では51.6％）の適正規模化を図るとして学校統廃合の方針を打ち出し、平成27年（2015年）1月27日「公立小学校・中学校の適正規模・適正配置等

に 　《別表 8　公立学校の統廃合数データ》 (1998（H10年）～2021）R3年）の23年間比較)

※1998年((平成大合併）直前年

小学校

	都道府県	2021	廃校率	1998
2	青　森	262	-44.84%	475
5	秋　田	180	-44.44%	324
1	北海道	973	-37.43%	1,555
3	岩　手	295	-37.23%	470
36	徳　島	181	-34.18%	275
6	山　形	230	-33.33%	345
43	熊　本	332	-33.33%	498
32	島　根	195	-32.29%	288
39	高　知	219	-31.99%	322
15	新　潟	440	-31.57%	643
44	大　分	257	-30.73%	371
31	鳥　取	117	-30.36%	168
34	広　島	458	-29.43%	649
29	奈　良	188	-28.52%	263
38	愛　媛	279	-27.53%	385
7	福　島	401	-27.09%	550
17	石　川	198	-26.12%	268
30	和歌山	236	-25.55%	317
37	香　川	156	-25.36%	209
16	富　山	178	-24.26%	235
8	茨　城	458	-22.64%	592
42	長　崎	308	-22.03%	395
35	山　口	293	-21.66%	374
9	栃　木	348	-21.27%	442
19	山　梨	167	-21.23%	212
26	京　都	354	-20.98%	448
24	三　重	355	-20.05%	444
4	宮　城	362	-19.73%	451
45	宮　崎	229	-18.51%	281
46	鹿児島	490	-17.79%	596
33	岡　山	380	-15.18%	448
10	群　馬	300	-14.29%	350
20	長　野	351	-13.33%	405
41	佐　賀	155	-12.92%	178
28	兵　庫	732	-12.86%	840
21	岐　阜	359	-12.22%	409
18	福　井	192	-11.52%	217
12	千　葉	750	-11.45%	847
40	福　岡	707	-9.13%	778
13	東　京	1,267	-9.05%	1,393
22	静　岡	490	-8.92%	538
27	大　阪	970	-6.10%	1,033
25	滋　賀	218	-5.22%	230
47	沖　縄	261	-4.40%	273
11	埼　玉	806	-3.47%	835
14	神奈川	847	-2.64%	870
23	愛　知	961	-2.14%	982
	計	18,885	-19.54%	23,471

中学校

	都道府県	2021	廃校率	1998
3	岩　手	148	-30.84%	214
6	山　形	92	-30.83%	133
1	北海道	555	-26.49%	755
46	鹿児島	210	-23.36%	274
44	大　分	122	-22.78%	158
17	石　川	81	-22.12%	104
35	山　口	149	-21.58%	190
2	青　森	151	-21.35%	192
5	秋　田	108	-21.17%	137
32	島　根	90	-20.35%	113
43	熊　本	161	-19.50%	200
19	山　梨	81	-19.00%	100
30	和歌山	118	-18.62%	145
38	愛　媛	127	-18.59%	156
37	香　川	67	-17.28%	81
42	長　崎	167	-16.50%	200
45	宮　崎	123	-15.75%	146
47	沖　縄	140	-14.63%	164
39	高　知	117	-13.97%	136
16	富　山	74	-13.95%	86
7	福　島	211	-13.52%	244
31	鳥　取	52	-13.33%	60
4	宮　城	194	-13.00%	223
9	栃　木	153	-12.57%	175
24	三　重	155	-11.93%	176
10	群　馬	158	-11.73%	179
41	佐　賀	84	-11.58%	95
15	新　潟	222	-11.20%	250
21	岐　阜	175	-11.1%	197
36	徳　島	83	-10.75%	93
33	岡　山	154	-9.94%	171
26	京　都	162	-9.50%	179
29	奈　良	97	-9.35%	107
34	広　島	233	-8.98%	256
8	茨　城	213	-8.58%	233
13	東　京	607	-8.31%	662
28	兵　庫	332	-7.52%	359
40	福　岡	327	-5.76%	347
12	千　葉	363	-5.71%	385
20	長　野	183	-5.18%	193
22	静　岡	259	-4.43%	271
25	滋　賀	96	-3.03%	99
14	神奈川	404	-2.88%	416
27	大　阪	452	-2.59%	464
11	埼　玉	414	-1.90%	422
23	愛　知	410	-0.24%	411
18	福　井	77	0.00%	77
	計	9,151	-12.25%	10,428

高等学校(全・定・併)

	都道府県	2021	廃校率	1998
44	大　分	39	-31.58%	57
35	山　口	48	-27.27%	66
36	徳　島	28	-26.32%	38
33	岡　山	51	-26.09%	69
1	北海道	191	-22.04%	245
15	新　潟	80	-21.57%	102
43	熊　本	47	-20.34%	59
3	岩　手	63	-20.25%	79
38	愛　媛	44	-20.00%	55
5	秋　田	43	-18.87%	53
17	石　川	43	-18.87%	53
45	宮　崎	36	-18.18%	44
6	山　形	42	-17.65%	51
46	鹿児島	61	-17.57%	74
14	神奈川	137	-17.47%	166
12	千　葉	120	-15.49%	142
27	大　阪	132	-15.38%	156
8	茨　城	94	-15.32%	111
40	福　岡	94	-15.32%	111
4	宮　城	68	-15.00%	80
21	岐　阜	63	-14.86%	74
2	青　森	58	-14.71%	68
37	香　川	29	-14.71%	34
19	山　梨	30	-14.29%	35
31	鳥　取	24	-14.29%	28
22	静　岡	85	-14.14%	99
30	和歌山	32	-13.51%	37
10	群　馬	59	-13.24%	68
41	佐　賀	33	-13.16%	38
24	三　重	56	-12.50%	64
20	長　野	78	-12.36%	89
13	東　京	186	-11.85%	211
9	栃　木	61	-11.59%	69
16	富　山	41	-10.87%	46
11	埼　玉	139	-10.32%	155
29	奈　良	39	-9.30%	43
42	長　崎	56	-8.20%	61
39	高　知	34	-8.11%	37
34	広　島	80	-8.05%	87
18	福　井	28	-6.67%	30
25	滋　賀	45	-6.25%	48
28	兵　庫	135	-6.25%	144
23	愛　知	147	-5.16%	155
47	沖　縄	59	-4.84%	62
32	島　根	35	-2.78%	36
7	福　島	86	-2.27%	88
26	京　都	50	4.17%	48
	計	3,229	-14.24%	3,765

(注1) R3.12.22公表の学校基本調査（確定値）に基づきデータ整理をした。
(注2) 平成の大合併（1999年／平成11年）直前年との比較である。

教育行財政研究所

関する手引」を都道府県教育委員会教育長および都道府県知事あてに通知
し、域内の市町村教育委員会教育長および首長への通知の周知を促した。
学校統廃合に関する財源措置の目玉は統廃合に伴う児童生徒の通学費に関
するへき地児童生徒援助費補助金の大幅増額と統廃合に伴う学校の新増設
補助率の変更（1/3→1/2）である。また、遠距離通学費の要件に複数の学

《別表９　校種別廃校数 》

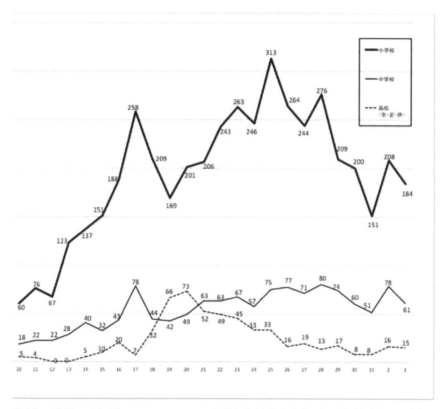

校間の移動に必要なスクールバスの運行委託費を負担する都道府県及び市
町村の事業に対する補助（1/2）も加えた。さらに、過疎法に基づく過疎地
域においては統合に伴う小中学校校舎等への国の補助率のかさ上げ（1/2→
5.5/10）が行われている。小学校の廃校数は通知ののち2016年度再び増加
したが、その後、小学校は200校前後、中学校は60校前後となっている。統
廃合に伴う財源措置の影響は大きいものと推察できる。《別表９》
　2020年度政府予算案にあたり文科省は財務省との協議により少子化進展
による基礎定数の自然減や少子化等による既存定数の見直しに加え、学校
統廃合の更なる進展による定数減△1,050人を見込んだ上で、基礎定数と加
配定数を確保した。2022年度政府予算においても同様に学校統廃合の更な
る進展による定数減△1,760人が盛り込まれている。定数改善の方策の一つ
としての学校統廃合による定数削減は2018年度予算から続く手法である。

2021年度政府予算案において、2021年度から5年かけて学級編制標準を引下げる小学校全学年35人学級が決定した。これによる小学校教員の改善数は12,449人となっている。しかし、経済・財政再生計画工程表（経済財政諮問会議）では学校小規模化への対策の目標を2021年度100％としている。小学校35人学級の計画的な進行により、文科省主導の学校統廃合が加速度的にすすむ危険性を孕んでいる。

　各地で学校統廃合がすすめられ、児童・生徒、高校生の遠距離通学の問題も生じている。高校生の遠距離通学費に対して、鳥取県ではすべての市町村で補助、北海道でも道立高校の募集停止により、他の高校へ通学することとなった場合への補助など各地で通学費の全額助成や一部補助が行われている。

　学校統廃合はもはや離島や山間僻地では限界に達しているのである。

おわりに

　行き過ぎた学校統廃合は人口減少とともに地域の消滅にもつながる。それは更なる統廃合をもたらすことである。総務省は2020年度国勢調査の結果に基づき人口減少が進む「過疎地域」に新たに65の市町村を追加し885の市町村（51.5％）になったと公表した。過疎地域の割合は、島根県（100％）、鹿児島県（97.7％）、秋田県（92％）、高知県（85.3％）、北海道（84.9％）な

《別表10　校種別廃校数》

【事務職員】
① ア　病気休職者（在職者数中の割合）

	病気休職者A	在職者数B	A／B
2年度	※調査対象から除外		
元年度	※調査対象から除外		
30年度	565	55,130	1.02%
29年度	541	55,129	0.98%
28年度	509	55,409	0.92%
27年度	480	55,422	0.87%
26年度	454	55,945	0.81%
25年度	464	56,609	0.82%
24年度	507	57,251	0.89%

イ　精神疾患者（病気休職者数中の割合）

	精神疾患者A	病気休職者B	A／B
2年度	※調査対象から除外		
元年度	※調査対象から除外		
30年度	438	565	77.52%
29年度	406	541	75.05%
28年度	382	509	75.05%
27年度	362	480	75.42%
26年度	334	454	73.57%
25年度	341	464	73.49%
24年度	369	507	72.78%

★「令和元年度公立学校教職員の人事行政状況調査」を変更。
※新型コロナウイルス感染症対応を踏まえ、調査項目を限定して実施。
R元年度から「教職員」を「教育職員」として事務職員・学校栄養職員を除外。

【教育職員】
① ア　病気休職者（在職者数中の割合）

	病気休職者A	在職者数B	A／B
2年度	7,635	920,011	0.83%
元年度	8,157	920,370	0.89%
30年度	7,949	920,034	0.86%
29年度	7,796	920,760	0.85%
28年度	7,758	920,058	0.84%
27年度	7,954	920,492	0.86%
26年度	8,277	919,253	0.90%
25年度	8,408	919,717	0.91%
24年度	8,341	921,673	0.90%

イ　精神疾患者（病気休職者数中の割合）

	精神疾患者A	病気休職者B
2年度	5,180	7,635
元年度	5,478	8,157
30年度	5,212	7,949
29年度	5,077	7,796
28年度	4,891	7,758
27年度	5,009	7,954
26年度	5,045	8,277
25年度	5,078	8,408
24年度	4,960	8,341

（参考）文科省　公立学校教職員の人事

どとなっている。秋田、北海道では人口減少と学校統廃合がすすんでいる。過疎地域が全市町村の半数という現実を真摯に受け止め、「子どもの足で通える小さな学校」を維持する方策を検討すべきではないか。

　2020年度教職員の病気休職の実態は、教員0.83％（2019年0.89％）でそのうち精神疾患による者は67.85％（2019年67.16％）と前年比0.69％増となっている[10]。事務職員では2018年度病気休職者1.02％（2017年0.98％）と1％を超え、精神疾患を事由とする者は77.52％（2017年75.05％）と前年比2.47％増、4人に3人の割合である。事務職員も疲弊している。《別表10》

　本務者や非正規職員が疲れているのは多忙な環境にあることが原因ではないのか。「働き方改革」で職場環境に大きな改善がみられるのか疑問である。

　「令和2年度公立学校教員採用選考試験実施状況について」によれば、採用倍率は小学校2.7倍（前年2.8倍）、中学校5.0倍（前年5.7倍）、高校6.1倍（前年6.9倍）とそれぞれ減少している。とくに採用倍率の低下している小学校の受験者数について新規学卒者は小幅な減少、既卒者は大きく減少傾向にあり民間企業等の採用状況の好転や不合格後に講師を続けながら採用選考試験を受験する層が減少していることが主な理由とし、採用倍率低下は大量退職等に伴う採用者数の増加が大きいと文科省は分析する。

　令和元年度学校教員統計調査（確定値）では、小学校採用者の32.1％、中学校採用者の40％、高等学校採用者の41％が非常勤講師等経験者であるが小中高とも年々その割合は減少してきている。既卒者の受験率減少傾向にはあるが、令和3年から5年間をかけての小学校35人学級完成に向けて、臨時的任用や非常勤講師からも多く採用されていくものと思われる。都道府県および政令市教育委員会の計画的な人材確保が求められている。

　令和3年6月、教育再生実行会議はポストコロナ期における新たな学びの在り方についてとする第12次提言をおこない小学校における35人学級の効果検証等を踏まえ、中学校を含め望ましい指導体制の検討を提言している。中学校への35人学級の検討である。

　義務制・高等学校とも不安定な雇用形態の非正規教職員に支えられた学校を見直すことが重要かつ必要な時期にきている。

　教職員定数については、文科省の主導する12学級以上を標準的とする標準的学級論を見直し、学級規模の改善による基礎定数を重視した計画的な教職員定数改善策とともに、少人数学級にとどまらず小規模学校を維持する方策が具体的に検討されるべきである。

100

注
（1）労働力調査（基本集計）2021年（令和3年）4月分　総務省統計局
（2）新型コロナウイルス感染症に起因する雇用の影響に関する情報について　厚生労働省
（3）公立小・中学校教職員実数調（令和2年5月1日現在）　文部科学省
（4）会計年度任用職員制度導入に向けた事務マニュアル第2版　総務省
（5）「3年目公募問題」：2022年4月21日　公務非正規女性全国ネットワーク（はむねっと）
（6）公立高等学校課程別・職種別教職員実数調（令和2年5月1日現在）文部科学省
（7）義務標準法により学級数等に応じて計算される「基礎定数」と事務共同実施など政策目的で配分される「加配定数」を合計した数
（8）令和2年度　全国と大分県の比較（EXCEL）　大分県公立学校教頭会HP
（9）令和3年度学校基本調査（確定値）の公表について　文部科学省
（10）令和2年度公立学校教職員の人事行政状況調査について　文部科学省

（公教育計画学会会員　教育行財政研究所研究委員）

書評

中村　文夫　著
『アフター・コロナの学校の条件』

日下部　倫子

　「新型コロナウィルス感染拡大は、いま学校が抱えている問題を様々な形で浮き彫りにした。だが、政府はそうした問題を真摯に省みることなく、デジタル教育への傾斜をはじめとする諸政策を、いわば『どさくさに紛れて』一気に実現しようとしている」（177頁）。本書は、著者中村がこのような状況の危うさ、問題点を指摘しながら、これからの教育が目指すべき「わたしたちの学校」という視点やそのための仕組みづくりの条件を提起しようとするものである。

　本書では、章ごとに5つの課題について述べられる。各章の冒頭で「問題提起」とそれに対する端的な答えが示される。導入で読者が概要をつかみやすくしてから、これからの学校のあり方について、政策の問題点や具体的な自治体の事例を通して考えていく構成となっている。以下に各章を概観したい。

　まず第1章では、「学校において本当に必要な防災対策とは何か」という問題提起がなされる。コロナウィルスの感染拡大以前から問題とされてきた学校の防災対策には、施設・設備の老朽化、不十分な空調設備、教職員による避難所運営などがある。これらに加えて、「防災と防疫の両立」という課題も、コロナウィルス感染拡大によって浮き彫りにされた。中村は、災害対策は自己責任ではなく、「制度・財政の両面において、政府が主導した広域支援体制を作る必要がある」（16頁）と指摘する。「公立の学校は、児童生徒の学びの場所だけではなく、地域の人々にとって多目的公共空間である。いわば、わたしたちの生活における拠り所なのである」（2〜3頁）という視点から、これからの防災対策を考える必要性が論じられている。

　次に、第2章では「オンラインの遠隔教育は平等な学びを保障できるのか」、そして「教育に学校は必須なのか」という問題提起がなされる。コロナウィルスの感染拡大によってデジタル教育（特にオンラインの遠隔教育）が急速に進められた。しかしこれは、「学校側から教育の改善として求められたことではなく、政治経済の視点に立った国策として進められている」（28頁）。子どもの各家庭環境の格差や各自治体による財源確保の課題など

を残したまま、一斉休校の代替措置として始まったオンラインの遠隔教育を契機として、デジタル教育の推進が加速している。ここで中村が危機感を感じているのは、文科省が掲げる「個別最適化された学びの実現」は誰によって推進されるのかということである。「教育課程を編成するのは学校であり、それを財政的に保障するのが自治体」であるという視点から「わたしたちの教育を実現する道筋を見つけ出していかねばならない」（39頁）と中村はいう。急速に進められるデジタル教育に流されるのではなく、課題を今一度整理し、子どもたちにおける貧富の格差を解決する視点や、教育内容や教育方法をわたしたちが決定するという視点から捉えなおすことが必要だということだろう。また、デジタル教育推進の流れには、過疎・少子化地域における遠隔教育の導入や広域通信制の拡大が目論まれているのだと中村は指摘する。「教育に学校は必須なのか」という問いへの答えと、「どさくさに紛れて」身近な地域に通える学校がなくなっていくことの問題点は、次の第3章で示される。

　第3章では「学校は地域の一つの基盤たり得るか。たり得るとすれば、そのための条件はどのように考えられるか」という問題提起がなされる。ここでは、少子高齢化や過疎化によって学校統廃合が進められ、地域の基盤としての学校が失われつつあることへの懸念が示される。地域の学校の消滅は、学校統廃合とともに進められる地方での教育行政全体の統合や、公教育の市場化へと突き進んでいく。しかし、「地域の基盤としての学校」が目指すべき方向はそれでよいのか。中村は、子どもにとって身近な地域に「競争することよりも互いに助け合いながら生きることを学」べる学校があること、「少人数学校を残し、さらに新たに作っていくという方向に発想を転換する」（61頁）ことが必要だと述べている。

　第4章と第5章では、教育費の無償化への課題をふまえた上で、今後の展望が探られる。第4章で焦点となるのは、「子どもの『食』はどうしたら保障できるのか」という問いだ。コロナウィルス感染拡大下で、学校給食費を無償化した自治体があったことに中村は希望を見出している。本章では学校給食の歴史を概観した上で、私会計の問題点が強く指摘される。学校給食費を公会計化し、ひいては「給食無償化への法的な根拠を作り、すべての児童生徒への教育機会の平等を実現する足がかりを作るべきである」（122頁）と述べられている。

　最後に第5章で提起されるのは、「学校教育の無償化はどこまで実現されたか」という問いである。本章でも、コロナウィルス感染拡大下で行われた自治体独自の政策が取り上げられている。保護者への負担軽減措置とし

104

て、学校給食費以外にも現金の特別給付や教材費無償、ひとり親世帯への児童手当の上乗せなどが行われた。また本章では特に、コロナ下における自治体の取り組みだけではなく、それ以前から自治体が行っていた無償化に向けた取り組みにも光が当てられる。学校教育の完全無償化の実現には「わたしたちの学校」として地域が認知することが必要であること。さらにはどのような教育が実施され、地域に還元されているかを重視することがこれからの教育に必要であると、自治体の取り組み事例から学ぶことができる。中村は、コロナ下で行われた保護者負担軽減策のうち、効果的であったものとそうでなかったものの検証を行い、有効的なものは恒常化していくこと、さらには自治体の意義ある取り組みから学び、広げていくことが必要だと述べている。

　本書で述べられる教育の課題は多岐にわたるが、根底に共通するのは「わたしたちの学校」という視点である。課題を解決するための仕組みづくりや財源の確保には視点が必要である。どうすれば山積する課題を解決していく視点を広く社会で共有していくことができるのか。本書は、「アフター・コロナの学校の条件」として8つの提言で締めくくられる。

　本書の中で特に印象に残ったのは、中村の次の言葉である。「大きな改革・革新をもとめる言葉に振り回されることなく、一つ一つの課題を地道に解決していくことが大切である。誰もがお金の心配をせずに教育を受けられるようにする。災害にあったときに近くの学校へ避難する。その避難所ではプライバシーと人権が守られ、安眠できる。——これらはそれほど大それた願いなのだろうか」(179頁)。誰もが安心して教育を受け、安心して暮らす。これが「大それた願い」になってしまう現代の日本社会や教育とは何なのか、考えざるを得ない。誰もが、大小や有形無形はあっても、それぞれの不安や困りごとを抱えながら生活しているのではないだろうか。解決のためには個人で頑張るしかないと追い詰められることのない社会を、わたしたちでつくっていくための視点や具体的な解決への道筋を本書からは学ぶことができる。特に第4章、第5章では、課題の解決に向けて取り組む自治体の事例が多数取り上げられるが、課題を認識すれば、改善につなげられるということを改めて感じる。本書から知る「課題を地道に解決」していこうとする取り組みから何を学び、どう行動するか。読者一人ひとりの小さな積み重ねが、視点を広く社会で共有していくための足がかりになるはずだ。

　　［岩波書店／2021年7月刊行／定価（本体2,500円＋税）］

（公教育計画学会会員）

池田　賢市　著
『学びの本質を解きほぐす』

福山　文子

　冒頭で池田は「自分は何が好きなのか、苦手なのか、その意識を学校の成績（他者からの評価）が決めている」のではないかと、問いを投げる。そして「本を読むのは好きなんですけど、国語は苦手で……」と語った学生や「百人一首とか、古典が得意」なのに、第一首を知らなかった学生の例が併せて示される。確かにナンダカオカシイ。

　「『不登校』『学力』『障害』『道徳』『校則』の 5 つを議論の核として、みんなが安心して過ごせる、そして学べる（学校）教育の姿（学びのイメージ）を求めてみたい」（p.17）とあるように、本書では 5 つの議論を通して池田の学びのイメージが求められていくのだが、決して一方向的に語られるのではない。読者に向けた多くの問いが溢れ、読者も常に考えながら読み進めることになる。同時に読者は、池田のもっと子どもたちが大切にされていい、信頼されていい、評価や有用性に支配されない学びが取り戻されていい……との想いに触れながら、「学び」について多くの気づきを得ることになるだろう。

　以下、本書の概略を示していく。

　第 1 章「不登校」では、「不登校」の問題とそこから何を考えるべきなのかが、義務教育制度について確認することから、徐々に明らかになっていく。池田は、義務教育制度は労働法制とセットになっていると指摘し、重要なことは児童労働からの子どもたちの保護であるとする。そしてそうであるなら、そもそも義務教育制度は学ぶべき内容をあらかじめ設定し、その習得のために作られたわけではないのだと私たちに気づかせる。一方で、制度は法律を根拠に成立しているのであるから政治理念が含意されていることを想定すべきこと、さらに教科書検定制度が内包する危険性についても鋭く描き出しつつ、だからこそ示される知識内容は検討すべき重要なテーマであることが指摘される。

　つまり、義務教育制度の本来の目的は、児童労働から子どもたちを守ることであるはずなのに、いつの間にか学ぶべき内容が設定されているだけでなく、その設定のありかたについても果たして中立性が担保されるとい

えるのか、との問いが突きつけられるのである。

　このように丁寧に「不登校」の背景にある課題を描いた上で投げかけられる、いまの学校がなぜ子どもたちから拒否されるのか、不登校を生み出す現在の学校教育のあり方こそ問い直されるべきではないのか等の問いの数々は読者の心を捉えるだろう。

　教育機会確保法においては、学校教育を問い直す視点が欠如していることが示された上で、「不登校問題」とは、子どもたちが学校に行かなくなること自体の問題ではなく、子どもたちが学校に行かなくなる理由や原因を子どもの側に求めていることが最も問題である旨が指摘されている。そして、この問題に教員をはじめ支援者と称する人たちも気がついてない（気がついていてもそれを問おうとしない）ことで、子どもたちが心的に追い込まれることに強い懸念が表明されている。

　第2章「学力」では、普段私たちが当たり前のように使っている「基礎学力」という言葉が、教育機会確保法内で使用されている「教育を十分に受けていない者」と関連付けられながら、鋭く深く掘り下げられていく。「『基礎学力』といわれるものの設定により、その習得が当たり前のように考えられていくと、その欠如が社会生活を送る上で不利に働くことになってしまう」と、池田は指摘する。一定の知識を習得していなければ生活において不便になるという構造自体が間違っているのではないかとの問いかけに、ハッとさせられる人は少なくないのではないか。

　そして、この章の後半部分で、「学びや能力という言葉で思い描かれているものを、個人所有されるものとしてではなく、人間関係の過程にあって初めてあらわれてくるものとしてイメージアップできないだろうか」と、池田は問う (p.112)。私たち自身が学ぶことの意義をもう一度捉え直す必要がありそうである。「なぜ、私たちは、学ぶこと自体に意義を見出せないのだろうか。なぜ『役立つかどうか』という観点で学びをとらえてしまうのだろうか」、これらの問いに真摯に向き合う必要があるだろう。そして「学ぶことは、いろいろな人とつながっていくこと、生活していくことを意味する。－中略－関係をつくり、そのことが社会をつくっていくことになる行為が学びの意義」(p.114) と捉え直すことで、がらりと景色が違って見えるのではないだろうか。

　第3章「障害」では、衝撃的な記事が紹介されている。ある小学校で、普通学級で授業を受けていた特別支援学級の児童が「騒いだ」ときに、教員が「うるさいと思う人、邪魔だと思う人は手を挙げて下さい」と子どもたちに挙手を求め、さらに騒いだとされる子どもを教室の後ろに立たせ、

手を挙げなかった子どもに対しては「あなたも支援学級にいきなさい」と発言したとの内容である。この記事について池田は、日本の教育制度全体の問題が集約されているように思えると述べると同時に、この記事からは「特別支援学級」の「特別」性は、けっしてプラスでは意識されず、みんなが「行きたくない」と思っている場所、おとなしくしていないと「出ていけ」と言われ、その行きつく先としての場所、といったイメージで受け止められていることが見えてくると指摘する。

　その後、なぜ普通教育を施さない特別な学校が用意されなければならないのか、障害の「困難」が何によって生じるのか、「自立」の条件とはどのようなものなのか、「車いす体験」や「アイマスク体験」のような人権教育実践は差別の解消につながっていくのか……、読者は考えながら読み進めることになる。

　「困難」であることの原因を本人の状態に求める発想、つまり問題が「個別化」される前提で障害児の排除（別学体制）が行われ、「困難」の克服は困難を抱えているとされる本人の努力にゆだねられている。しかし、その「困難」が本人の外からもたらされるものであったなら、克服への努力は的外れになると、池田は述べる。私たちは果たして「困難」を感じている方達の視点からこのような発想を得たといえるだろうか。また、「的外れ」な努力を強いられている方達への想像力を欠いてはいないだろうか。

　人権教育における、「知る」ことからスタートする実践への警鐘も強く印象に残った。池田は、「知らなかった」から「誤解していた」から差別が起こっていたのだととらえてはならないと述べている。つまり、単に知ることに意味があるのではなく、「障害者」等の存在が社会的にどのようにつくられているのかを知ることこそが大切なのである。そして、そこに落とし込むことが出来なければ、「強烈な差別意識」を温存、強化しかねないのではないのかとの認識を、読む者の内に呼び覚ます。

　第4章「道徳」では、教科化までの流れ、教科化の不可能性、さらに評価の問題点が示される。「特別の教科 道徳」における評価行為とは、人々の内心のあり方を公権力が問題視してよいということの承認なのである、と池田は述べる。内心を公的に問題にしてよいという「形式」がつくられてしまえば、どんな基準で評価するかは後からいくらでも設定することが出来るとの指摘は、教科化された今、教育に関わる私たちすべてがあらためて自覚すべきものだろう。

　具体的教材の提示もされている。障害者が登場する教材では、「障害者はいつも困っていて、誰かに助けられる存在であり、つねにお礼を言ってい

る、『障害にもめげず』がんばって自らの努力によって障害を克服しようと
している、そういう姿が描かれている」ことで、差別が助長されるだけで
なく、その他の危険性もあるとの指摘がなされている。その中に障壁が障
害者自身の努力と「健常者」の「やさしさ」によって解決させる構図が認
められるからである。

　第5章「校則」では、髪染めや制服をめぐる身近な問題を通して、分か
りやすく校則に関わる課題が示される。校門の外で、他者を捕まえて髪を
強引に染めたり、切ったりすれば刑法に基づく明らかな犯罪なのに、校門
の中、つまり学校ではなぜ許されるのか。さらに、学校と刑務所、軍隊、
工場等との類似点も提示される。複数の規定は時に子どもたちを不安に陥
らせる。他者の要求に合わせた内容と方法で学ばないとならないこと自体
が権利侵害なのではないかとの問いは重い。

　そして終章では、これまでの検討をふまえて「準備ではない学びを」「成
長しない学びを」をはじめ9項目を核に新たな学びについてのイメージが描
かれる。「仮に表面的には規定通りのことをしていたとしても、その教員が
本当は何を考えているのか、そのことは、ほんの小さな表情の変化やつぶ
やき、あいづちなどを通して、確実に子どもたちに伝わる」との言葉は、
教員だけでなく子どもたちに接する全ての人たちへのエールと受け止めた
い。

　そして「自発的隷属がなぜそれと意識されずに進行していくのか」(p.102)
との問いに対して池田は、「学力」や「貧困」を個人の問題として設定し、
その前提で教育への権利保障が語られることで、「学力」により人々の扱い
に差を設け貧困状態にまで追いつめる社会のあり方が免責されると応答し
ている。「教育を受けようとすることも生活していくことも、ともに基本的
人権にかかわる重大な権利問題である。互いが互いに対する条件のように
作用し、規制し合うことで権利の姿が失われ、人々を追い詰めていく状態
になることだけは避けなくてはならない」(p.103)との指摘に強く首肯する。

　本書は、学校教育という「不安と抑圧の仕掛けが張りめぐらされている」
ブッソウな森を歩くための必携地図なのではないか。どこにどのような罠
が仕掛けられているのか、どうしたらいつの間にか迷子にならずにすむの
か、たくさんの知見が詰まっている。子どもを引率する方もしない方も、
森を歩くすべての方に手に取って頂きたい稀代の良書である。

［新泉社、2021年4月発行、本体価格2,000円＋税］

（公教育計画学会会員　専修大学）

英文摘要

Annual Bulletin of SPEP NO.13
Public Education Planning and Educational Labor nowadays

Special Papers

Special Papers 1 ：

Transformation of the relationship between children and teachers in "Reiwa' s Japanese school education"
　—Focusing on the substance of learning brought about by the digital transformation (DX) of public education
　By SUMITOMO Tsuyoshi

　This paper is a critical review of the content of the report. The title of the report was released in January 2021 with the aim of building a Japanese-style school education in Reiwa.
　In particular, in this paper, we consider how the digital transformation (DX) of public education centered on ICT education can transform children's "learning" and the relationship between faculty, staff and children.
　On the other hand, DX for public education, which will be promoted in the future, has the high ideal of aiming for "the realization of individually optimal learning and collaborative learning that brings out the potential of all children."
　However, in this paper, we conclude that the more actively we promote this, the more we will eventually deprive schools of "safe and secure places" by restricting and managing the "learning" of both children and faculty members.

Critical reflections on "Reiwa' s Japanese School Education" ： Characteristics of competition and children's rights
　By　YAMAMOTO Shiori

　This study assesses the "Aim to Build a Reiwa Japanese School Education." The image of public education, especially compulsory education, is considered from two perspectives, "guaranteeing the human rights of learners," and "cultivating the awareness and sense of human rights of learners". I indicate that schools reproduce the existing hierarchical structure/class structure, effectively strengthened by selection and division, and that management and control make public education in Japan even more competitive. I think that the taboo of "death" should be eliminated by resisting management and control, as a way of eliminating the competitive nature of schools. Then, the independence and activeness of the learner would be cultivated normally, and a system established that would enable self-actualization by moving away from management and control. In this context, the "individual" would be respected; a democratic society in which basic human rights are respected is in a healthy state, and it may be possible to overcome discrimination.

Current stage and issues of the "Integrated School Administration Support System"
  By NAKAMURA Fumio

I define the "Integrated School Administration Support System" as a new system which handles functions such as education, health, registration and administration.

Next, I clarify the objectives and the effects of that system. Then I categorize the current issues of the system, based on the new concept and the course of its introduction.

I also examine the possibility of centralizing in prefectures the integrated system for dealing with students' personal data, which is promoted by the Government under the name of "standardization and cooperation" by "utilizing data".

Special Papers 2 :

The Special Wage Act and Educational Labor
  By Ken-ichi IKEDA

It is believed that the problems of reforms of "how to work" are the same as the problem of managing working hours. The reforms are based on an idea that deprives teachers of their autonomy. It is necessary to separate the issue of "time" from the content of teachers' work. This paper argues that the reforms currently being promoted by the Ministry of Education, Culture, Sports, Science and Technology (MEXT) are taking away teachers' freedom and rights. MEXT and the Board of Education are trying to determine the tasks of teachers and explain the true role of teachers. However, only teachers can do this. This is because it is the teachers who have a clear understanding of the children's specific educational needs. The key to reforming teachers' work is to create a working environment in which they can make autonomous decisions regarding their own work content. This is because it is the teachers who are involved with children on a daily basis and have a concrete grasp of their educational challenges.

The Special Wage Act and Educational Labor
  By OUCHI Hirokazu

The Special Wage Act has enabled schools to play a variety of roles without increasing educational budgets and has maintained this structure. Since the 1970s, in order to rebuild "troubled schools," the existence of the act and its implementation have led not only to the strengthening of guidance for daily life without increasing the educational budget but, in addition, the strengthening of club activities, which have been promoted to make up for the five-day school week. The existence of the Special Wage Act and its implementation are thus the major factors that have led to the establishment of a unique educational system that maintains schools with responsibilities for a greater variety of educational activities than those in other developed countries, including daily life guidance, club activities and more, in spite of a small educational budget.

  This has created a serious situation in which Japanese teachers work the longest hours of any developed country. There is no doubt that the task of reexamining the changes in educational labor conditions brought about by the Special Wage Act and correcting the excessive demands placed on the labor of teachers is urgent.

学会動向・学会関係記事

公教育計画学会動向

＜2021年 6 月～2022年 6 月＞

2021年 6 月26日　　2021年度定期総会を開催し、予算案等を承認。

2022年 2 月13日　　確定した新体制での理事会を開催し、会長以下役員を承認。

　　　　　　　　　　2021年報の発刊・発送計画及び2022年報の編集・完成の概要、創立十周年記念誌の発刊目途・発刊方法について承認。

　　　　　　　　　　2022年定期総会及び研究集会の開催方針等の決定。

2022年 2 月26日　　第 1 回編集委員会を開催し、2022年度年報の作成について検討。

2022年 3 月14日　　第 2 回編集委員会を開催し、同上。

2022年 4 月24日　　第 3 回編集委員会を開催し、同上。

2022年 6 月 5 日　　第 4 回編集委員会を開催し、同上。

　　　　　　　　　　併せて、不連続研究会（第 1 回）を開催。

2022年 6 月 9 日　　会計監査

2022年 6 月18日　　2022年度定期総会を開催し、2021年度経過報告、2021年度決算・監査報告。

　　　　　　　　　　2022年度計画及び予算案を承認。

　　　　　　　　　　第 5 回編集会議を開催し、2022年度年報の作成について検討。

（文責・公教育計画学会事務局）

公教育計画学会会則

（名称）

第1条　本学会は、公教育計画学会（The Society for Public Education Planning）という。

（目的）

第2条　本学会は、学問・研究の自由を尊重し、公教育計画に関する理論的、実践的研究の発展に寄与するとともに、教育行政及び行政施策の提言を積極的に行うことを目的とする。

（事業）

第3条　本学会は、前条の目的を達成するため、次の各号の事業を行う。

　　　　　一　　大会や研究集会等の研究活動の推進
　　　　　二　　政策提言活動等の推進
　　　　　三　　学会誌、学会ニュース、その他の出版物の編集・刊行
　　　　　四　　その他、本学会の目的を達成するために必要な事業

（会員）

第4条　本学会の会員は、本学会の目的に賛同し、公教育計画又はこれに関係のある理論的、実践的研究に従事する者あるいは公教育計画研究に関心を有する者で、理事の推薦を受けた者とする。

　　2　　会員は、会費を納めなければならない。

（役員の及び職務）

第5条　本学会の事業を運営するために次の各号の役員をおく。

　　　　　一　　会長　　　　　　1名
　　　　　二　　副会長　　　　　1名
　　　　　三　　理事　　　　　　20名以内
　　　　　三　　常任理事　　　　若干名
　　　　　四　　監査　　　　　　2名

　　2　　会長は、本学会を代表し、理事会を主宰する。会長に事故ある時は、副会長がその職務を代行する。

（役員の選挙及び任期）

第6条　理事は、会員の投票により会員から選出される。

　　2　　会長は、理事の互選により選出し、総会の承認を受ける。

　　3　　副会長及び常任理事は、会長が理事の中から選任し、理事会の承認を受け、総会に報告する。

　　4　　監査は、会長が理事以外の会員より推薦し、総会の承認を受けて委嘱する。監査は、会計監査を行い、その結果を総会に報告するものとする。

　　5　　役員の任期は3年とし、再選を妨げない。ただし、会長は2期を限度とする。

（事務局）

第7条　本学会に事務局をおく。

2　　本学会の事務を遂行するため、事務局長1名、事務局次長1名、幹事若干名をおく。

3　　事務局長・事務局次長は、理事の中から理事会が選任する。

4　　幹事は、理事会が選任する。

（総会）

第8条　総会は会員をもって構成し、本学会の事業及び運営に関する重要事項を審議決定する。

2　　定例総会は毎年1回開催し、会長が招集する。

（会計）

第9条　本学会の経費は会費、入会金、寄付金、その他をもって充てる。

2　　会費（学会誌購入費を含む）は年間5,000円（減額会員は3,000円）とする。減額会員については、理事会申合せによる。

3　　入会金は2,000円とする。

4　　本学会の会計年度は4月1日から翌年3月31日までとする。

（会則の改正）

第10条　本会則の改正には、総会において出席会員の3分の2以上の賛成を必要とする。

第11条　本会則の実施に必要な規程は理事会が定める。

附則

1　　本会則は2009年9月27日より施行する。

2　　第4条の規定にかかわらず、本学会創立時の会員は理事の推薦を要しない。

3　　第6条の規定にかかわらず、本学会創立時の理事は総会で選出する。

4　　本会則は、2014年6月21日に改定し、施行する。

5　　第9条の「減額会員」等に関する会計処理は、以下の申し合わせ事項に基づいて処理する。

申し合わせ事項1　減額会員について

減額会員は年所得105万円を目安として、自己申告によるものとする。

申し合わせ事項2　介護者・通訳者の参加費・懇親会費について

大会参加費は、介助者・通訳者については無料とする。ただし、研究に関心のある介助者・通訳者は有料とする。懇親会費は、飲食しない介助者・通訳者は無料とする。研究への関心の有無は、原則として自己申告によるものとする。介助者・通訳者で有料となった場合は、他の参加者と同様の区分に従って大会参加費を徴収する。

6　　本会則は、2022年6月18日に改定し、施行する。

公教育計画学会会長・理事選出規程

(目的)
第1条　本規定は、公教育計画学会会則第6条に基づき、本学会の会長及び理事の選出方法について定める。

(理事の定数)
第2条　理事定数は20名以内とし、全国1区とする。

(会長及び理事の選出方法)
第3条　理事に立候補しようとする会員は、公示された立候補受付期間中に、定めた立候補届出用紙に必要事項を記入し、選挙管理委員長に提出しなければならない。
　2　選挙管理委員長は、候補者受付期間中に届出のあった候補者の氏名を会員に公示しなければならない。
第4条　理事の選出は会員の無記名投票（連記式）により行う。ただし、定数以下の連記も有効とする。
　2　理事当選者は票数順とし、同順位の場合は選挙管理委員会の行う抽選により決定する。

(理事の任期)
第5条　理事の任期は理事選出直後の定期大会終了の翌日より3年後の大会終了までとする。

(選挙管理委員会)
第6条　第3条に規定する理事選出事務を執行するため、会長は会員中より選挙管理委員会の委員を2名指名する。
　2　選挙管理委員会は互選により委員長を決定する。

(選挙権者及び被選挙権者の確定等)
第7条　事務局長は、常任理事会の承認を受けて、理事選出の選挙権者及び被選挙権者（ともに投票前年度までの会費を選挙管理委員会設置当日までに収めている者）の名簿を調整しなければならない。
　2　事務局長は、選挙管理委員会の承認を受けて、選挙説明書その他必要な文書を配布することができる。

(細則の委任)
第8条　本学会の理事選出に関する細則は、理事会の定めるところによる。
附則
　1　この規程は、2009年9月27日より施行する。
　2　この規程は、2012年2月19日に改定し、施行する。

公教育計画学会　年報編集委員会規程

第1条　公教育計画学会年報編集委員会は、学会誌「公教育計画研究」の編集及び発行に関する事務を行う。
第2条　当該委員は、理事会が会員の中から選出する。

2　委員の定数は、7名以内とし、うち過半数は理事から選出される。

3　委員長は、理事会の理事の中から選出する。

4　委員会の互選により委員長1名、副委員長1名及び常任委員を若干名選出する。

5　委員長、副委員長及び常任委員は常任編集委員会を編成し、常時、編集事務に当たる。

第3条　委員の任期は3年とし、交替時期は毎年の総会時とする。

第4条　委員会は、毎年1回以上会議を開き、編集方針その他について協議するものとする。

第5条　編集に関する規定及び投稿に関する要領は別に定める。

第6条　編集及び頒布にかかわる会計は、本学会事務局において処理し、理事会及び総会の承認を求めるものとする。

第7条　委員会は、その事務を担当する幹事若干名を置くことができる。幹事は、委員会の議を経て委員長が委嘱する。

第8条　委員会は事務局に置く。

附則

1　この規程は2009年9月27日より施行する。

2　この規程は2011年6月12日に改定し、施行する。

公教育計画学会年報編集規程

1　公教育計画研究（以下、年報という）は、公教育計画学会の機関誌であり、原則として年1回発行する。

2　年報は、本学会の研究論文、評論、書評、資料、学会記事、その他会員の研究活動に関する記事を編集・掲載する。

3　年報に論文等を投稿しようとする会員は、投稿・執筆要領に従い、その年度の編集委員会事務局に送付するものとする。

4　投稿原稿の採否は編集委員会の会議で決定する。その場合、編集委員会以外の会員に論文の審査を依頼することができる。

5　掲載予定原稿について、編集委員会は若干の変更を行うことができる。ただし、内容の変更の場合は執筆者との協議による。

6　編集委員会は、特定の個人又は団体に原稿を依頼することができる。

7　原稿は原則として返還しない。

8　写真・図版等での特定の費用を要する場合、執筆者の負担とすることができる。

9　その他執筆及び構成については執筆要領を確認すること。

10　抜き刷りについては各自の責任で校正時に直接出版社と交渉すること。

公教育計画学会年報投稿要領
1　　投稿者の資格
　　　本学会会員に限る。
2　　投稿手続き
（1）投稿申し込み時期は原則として10月末日とする。ただし、投稿申
　　　し込みの方法及び日程については、その年度ごとの会報及び学会HP
　　　に詳細に掲載する。
（2）論文送付に関しては、オリジナル原稿及びそのコピー1部を送付
　　　する。なお、原稿をデジタル化して送付する場合には、コピーを送
　　　付する必要はない。投稿者は、オリジナル原稿を必ず保存しておく
　　　こと。
（3）論文の送付等にあたっては、次のものを必ず添付する。
　　　所属、氏名（ふりがな）、連絡先住所、電話番号、FAX番号、E-mail
　　　アドレス、ただし、氏名に関しては、和文・英文両方を併記するこ
　　　と。
3　　原稿締め切り
　　　原稿の種類により締め切りは異なる。
（1）投稿論文、公教育計画研究レポート及び研究ノートは、原則、1月
　　　10日。ただし、各年度の会報及び学会HP上にて詳細は、明示する。
（2）上記以外の原稿については、別途指定する。
　　　いずれの原稿も、指定された期限までに学会事務局あるいは年報
　　　編集委員会まで必着とする。

公教育計画学会年報執筆要領
1　　投稿論文等（投稿論文、公教育計画研究レポート、依頼原稿）の
　　　枚数など。
（1）投稿論文は、横書き、35字×32行のフォームで16枚以内とする。
（2）公教育計画研究レポート及び研究ノートは、横書き、35字×32行
　　　の書式で10〜14枚以内とする。
（3）特集論文などの依頼論文については、編集委員会の判断を経て論
　　　文枚数など別途指定し、通知する。
2　　投稿論文などの提出時に付ける本文以外の諸項目
（1）論文表題、氏名、所属
（2）論文要旨（和文400字以内）
（3）表題、氏名の英文表記と論文要旨の英訳（200語程度）
3　　本文については、節、項、目、例、図表等は、番号または適当な
　　　表題を付ける。
　　　注および引用文献は、体裁を整えて、文末に一括して併記する。
　　　図表等については、通し番号を付けて、文章中に挿入する位置を
　　　オリジナル原稿の右隅に、通し番号を付記して明示する。表組資料

などは、オリジナルデータを論文と同時に送付する。

引用文献、参考文献の表記は以下を参考に作成する。

（1）論文の場合──著者名、論文名、掲載雑誌名など、巻、号、発行年、頁の順で表記。

（2）単行本の場合──著者名、書名、発行所、発行年、頁の順で表記。

（3）webサイトからの引用は、URLの他に引用・参照時の年月日および作成者（著作権者）を付記。

4　校正について

（1）著者校正は初稿のみとする。

（2）校正は最小限度の字句、数字の修正にとどめる。

5　執筆に関する事項について不明な点などがある場合には、その年度の編集委員会に問い合わせること。

公教育計画学会申し合わせ事項

Ⅰ　会費納入に関する申し合わせ

1　会員は、当該年度の大会開催時までに当該年度会費を納入するものとする。

2　大会における自由研究発表及び課題研究等の発表者は、当該年度の会費を完納するものとする。

3　会長及び理事選挙における有権者または被選挙権者は、選挙前年度までの会費を前年度末までに完納している会員でなければならない。

Ⅱ　長期会費未納会員に関する申し合わせ

1　会費未納者に対しては、その未納会費の年度に対応する年報を送らない。

2　会費が3年以上未納となっている会員は、次の手順により退会したものとみなす。

Ⅲ　未納3年目の会計年度終了に先立つ相当な期間と学会事務局が認めた時期において、当該会費未納会員に対し、相当の期間を定めて、会費未納を解消することを催告し、かつ期限内に納入されない場合には退会したものとして取り扱う。

Ⅳ　学会事務局は、前項督促期間内に会費を納入しなかった会員の名簿を調整し、理事会の議を経て退会を決定する。

公教育計画学会役員一覧
[第 5 期　役員（2021年 6 月〜）]
会　長　　元井　一郎（10周年記念事業担当）
副会長　　石川　多加子
理　事　　相庭　和彦（年報編集委員長）
　　　　　池田　賢市
　　　　　一木　玲子
　　　　　加藤　　忠（事務局長）
　　　　　国祐　道広
　　　　　小泉　祥一
　　　　　住友　　剛
　　　　　菅原　秀彦（事務局次長）
　　　　　福山　文子
　　　　　矢吹　芳洋
　　　　　※　理事は全員常任理事を兼ねる

監　査　　古市　　恵
　　　　　山口　伸枝

幹　事　　武波　謙三
　　　　　戸倉　信昭
　　　　　戸張　　治
　　　　　中村　文夫
　　　　　水野　鉄也
　　　　　山城　直美

年報編集委員会委員一覧
[第 5 期（2021年 6 月〜）]
委員長　　相庭　和彦
副委員長　福山　文子
　　　　　住友　　剛
　　　　　大森　直樹
　　　　　一木　玲子
編集幹事　山本　詩織
　　　　　田口　康明
英文校閲　Robin E. Sowden

編集後記

　格差拡大が止まらない。2022年3月期決算「役員報酬1億円以上開示企業」の調査結果では、役員報酬1億円超が過去最多635人で最高額はたった一人で47億円である。自由が保障されている社会で、そしてきまりが守られなければいけない社会で、法律や社内のルールに従い47億の役員報酬を受け取ることは許される。きまり（ゲームのルール）さえ作ってしまえば、たとえムリゲーであっても「自由」に参加しているのだからと、負けても自己責任である。

　格差拡大や環境破壊など、様々な課題を継続的に生み出し得るきまりやシステムがせっせと構築されていないだろうか。そして、私たちは（子ども達までも）数えきれないほどの課題を発見し、解決するように強いられる。きまりやシステムが、なぜ、どのように構築されたのか考えるゆとりを奪うかのようである。

　「様々な課題を継続的に生み出し得るきまりやシステム」には、給特法も含まれるのではないか。山積する「複雑化、多様化する問題」への対応のみならず、ここ数十年の傾向ともいえる「個性重視の原則」（今回の答申でいえば「個別最適な学び」）で教育を進めようとすれば、教員の業務量が増えることは必然なのに、給特法というきまりに従い、教員は自由（自発的）に仕事をしているとされているのだから。

　教員に限らず労働をめぐる世界の流れは、日本のような「滅私奉公」ではない。持続可能な社会の実現に向けた、ディーセント・ワーク（働きがいのある人間らしい仕事）であり、「人間中心」がキーワードである。1兆円に迫る不払い残業代にしっかりと目を向け（誰かにとって）「都合のいい」発想に対抗する必要がある。なぜ、どのようにこのきまり（給特法）が構築されたのかに迫りつつ、構築されてしまったきまりの見直し（給特法改正）に向けた議論も含め、今後も教育労働について考え続けなければと思う。

　末筆ながら、極めて短い期間でのご執筆をお願いしたにもかかわらず、快くお引き受け下さり、原稿を届けて下さった方々に厚くお礼を申し上げます。また折に触れ、不慣れな事務局の相談に乗って下さった八月書館の尾下様に、心よりの謝意を捧げます。

（年報編集委員　福山 文子）

公教育計画研究13

［公教育計画学会年報 第13号］

特集：公教育計画と教育労働の現在

発行日　2022年10月25日
編　集　公教育計画学会年報編集委員会
発行者　公教育計画学会学会事務局
　　　　〒029-4206　岩手県奥州市前沢字簾森37-215

発売所　株式会社八月書館
　　　　〒113-0033　東京都文京区本郷 2 - 16 - 12 ストーク森山302
　　　　TEL 03-3815-0672　FAX 03-3815-0642
　　　　振替 00170-2-34062
印刷所　創栄図書印刷株式会社

ISBN978-4-909269-17-1　　　　定価はカバーに表示してあります